Félix Lope de Vega y Carpio

Los cautivos de Argel

Barcelona **2024**
Linkgua-ediciones.com

Créditos

Título original: Los cautivos de Argel.

© 2024, Red ediciones S.L.

e-mail: info@linkgua.com

Diseño de cubierta: Michel Mallard.

ISBN rústica: 978-84-9816-847-1.
ISBN ebook: 978-84-9897-976-3.

Sumario

Brevísima presentación

La vida

Félix Lope de Vega y Carpio (Madrid, 1562-Madrid, 1635). España.

Nació en una familia modesta, estudió con los jesuitas y no terminó la universidad en Alcalá de Henares, parece que por asuntos amorosos. Tras su ruptura con Elena Osorio (Filis en sus poemas), su gran amor de juventud, Lope escribió libelos contra la familia de ésta. Por ello fue procesado y desterrado en 1588, año en que se casó con Isabel de Urbina (Belisa).

Pasó los dos primeros años en Valencia, y luego en Alba de Tormes, al servicio del duque de Alba. En 1594, tras fallecer su esposa y su hija, fue perdonado y volvió a Madrid. Allí tuvo una relación amorosa con una actriz, Micaela Luján (Camila Lucinda) con la que tuvo mucha descendencia, hecho que no impidió su segundo matrimonio, con Juana Guardo, del que nacieron dos hijos.

Entonces era uno de los autores más populares y aclamados de la Corte. En 1605 entró al servicio del duque de Sessa como secretario, aunque también actuó como intermediario amoroso de éste. La desgracia marcó sus últimos años: Marta de Nevares una de sus últimas amantes quedó ciega en 1625, perdió la razón y murió en 1632. También murió su hijo Lope Félix. La soledad, el sufrimiento, la enfermedad, o los problemas económicos no le impidieron escribir.

Personajes

Francisco, morisco valenciano
Dalí, moro
Leonardo, cautivo
Aja, mora
Felis, cautivo
Marcela, cautiva
Solimán, moro
Brahín, hebreo
Basurto, cautivo
Sahavedra, cautivo
Dorantes, cautivo
Pereda, cautivo
Herrera, cautivo
Músicos moros
Francisco o Fuquer
Cuatro moros soldados
El Capitán Castro
Ribalta, soldado
Zulema
Amir
Un Pregonero
Lucinda, cautiva
Luis, muchacho
Juanico, muchacho
Bernardo, viejo cautivo
Cigala, mora
Masol, moro
Fátima
Una guarda
El Rey de Argel

Jornada primera

Sale Francisco, morisco del reino de Valencia, en su hábito, como ellos andan, y Dalí, turco de una galeota.

Francisco	¿Dónde la dejas?	
Dalí	Francisco,	
	en esa ensenada, o cala,	
	por donde el mar se resbala	
	a las peñas deste risco,	
	pienso que estará segura.	5
	¿Tendré presa que llevar?	
Francisco	El alboroto del mar,	
	y el hacer la noche escura,	
	a sus pueblos recogió	
	los pescadores; no hay cosa	10
	que pueda ser provechosa.	
Dalí	¡Notable asalto nos dio!	
	No estuvo de zozobrar	
	un dedo de galeota.	
Francisco	Dalí, cuando se alborota,	15
	es soberbia bestia el mar.	
	Si antes de ayer allegaras,	
	hermosa prisión hicieras.	
Dalí	¿Dónde quedan las galeras	
	de los Orias?	
Francisco	Si reparas	20
	en la dicha que ha tenido	

                    ese diestro ginovés,
                    con remos, alas y pies
                    no podrás ser defendido.
                    A Barcelona sospecho   25
                    que bajaban.

Dalí   Destas playas
                    nos quitan las atalayas
                    las presas de más provecho.
                    ¿Cómo le va de jinetes
                    a la costa?

Francisco   Bien le va,   30
                    pero no te quitará
                    la fuida que te prometes.

Dalí   Más de una vez la ocasión
                    me ha quitado de gran presa
                    la roja cruz de Montesa   35
                    y de San Jorge el pendón.
                    ¿Qué dicen de aquel Toledo?

Francisco   A llevar el Virrey fue.
                    No hay, Dalí, porque te dé
                    su ángel blanco y azul miedo.   40

Dalí   Por poco asiera una barca
                    de Génova, y por su mal.

Francisco   ¿Dónde iba?

Dalí   A pescar coral,
                    a la fuerza desta barca,
                    mas vi lejos otras tres   45

con viento, y volví las velas.

Francisco   La sangre me pone espuelas,
la ocasión y el interés
para pasarme contigo,
que si cosario me hiciese   50
no pongas duda que fuese
de los cristianos castigo.
Nací morisco en Valencia,
sé la tierra, y ocasión,
de hacer cualquiera prisión   55
con más segura experiencia.
Sin esto, deseo, Dalí,
vivir en mi ley primera.

Dalí   Tu cobardía, ¿qué espera
teniendo tal muro en mí?   60
Pásate a Argel, que vendrás
con dos o tres galeotas
de amigos, con que a las flotas
de España envidia pondrás,
que no es tan cierta la plata   65
como en cristianos cautivos.

Francisco   Unas casillas y olivos
en tierra que no es ingrata
me han detenido hasta agora.

Dalí   Véndelo.

Francisco   Echarán de ver   70
que me voy.

Dalí   Si puede ser

	trueco una gallarda mora,	
	mi hermana, y seis mil ducados.	
	Deja la cristiana ley.	
Francisco	¿Trátaos allá bien el Rey?	75
Dalí	Los nobles son respetados,	
	los renegados tenidos	
	en alta veneración,	
	y siendo de la nación,	
	son mucho más admitidos.	80
Francisco	¿Qué tal es la tierra?	
Dalí	Aquí	
	quiero pintártela.	
Francisco	Creo	
	que me has de poner deseo.	
Dalí	Escucha, Francisco.	
Francisco	Di.	
Dalí	Entre la Mulvia, y el río	85
	mayor, que en los mares bajos	
	de Bujía desemboca	
	bajando de montes altos,	
	y Tremecén en los llanos	
	fértiles de la marina,	90
	de sierras ceñido al Austro,	
	abrazan cuatro provincias	
	a Tremecén todas cuatro.	
	De sus ciudades se nombren,	

como el reino valenciano,   95
Fenecén, Fenez, Bujía
y Argel, mas solo ha quedado
Tenez agora, y el fuerte
Tremecén, que oprimen tantos,
es reino largo, y angosto,   100
porque hasta el mar mundano,
apenas por cuenta nuestra,
tiene quince millas de ancho.
Defiéndese mal con esto
de los continuos asaltos   105
que le dan árabes diestros
en lanza, adarga y caballo.
Diez y ocho mil fuegos tuvo,
más las guerras que siete años
le dio Yusaf, rey de Fez,   110
y después el quinto Carlos,
que en su protección la tuvo,
y últimamente los bravos
turcos, que agora la tienen,
su grandeza aniquilaron.   115
Aquí tiene el rey de España
a Mazalquivir, gallardo
puerto, y a su lado Orán,
fortaleza que ganaron
un cardenal de Toledo   120
y el conde Pedro Navarro.
Aquel soldado, aunque fraile,
y este, aunque es humilde soldado,
tendrá diez mil españoles,
sin otros vecinos varios,   125
o allí, Francisco, nacidos,
[o] allí naturalizados.
Argel fue de Tremecén,

pero, por verse apretado,
se entregó al rey de Bujía, 130
que no supo conservarlo.
Estuvo después sujeto
al católico Fernando,
pero fue después de Horrubo,
que Barbarroja llamaron. 135
Cercole Carlos, y fue
el mar con Carlos tan bravo,
de una hechicera famosa,
según dicen, conjurado,
que fue la primer conquista 140
que perdió en el mundo Carlos,
porque contra el mar no hay armas,
experiencia, ni soldados.
Ha crecido tanto Argel
con los robo[s], que es su trato, 145
y el Rey, o el lugartiniente
del Turco, a quien respetamos,
que vale un millón de escudos,
que no se cuenta del Cairo
solamente el alcabala 150
del sustento necesario.
A las espaldas de un monte,
Francisco, está Argel sentado,
que en las espaldas le tiene
porque no pudo en los brazos. 155
De tres millas de contorno
viven, y están alojados,
más de ochenta mil vecinos,
sin sus familias y esclavos.
Dos puertas hay en Argel 160
con que Argel está guardado:
una al mar y otra a la tierra

de los intentos cristianos,
que después de Carlos fue
de sus murallas espanto, 165
de fuertes y baluartes
le tienen fortificado.
Aquí podrás, si tú quieres,
con hacienda y con regalos
vivir en tu ley primera, 170
y poblar del Rey los baños.
Enriquecerás, Francisco,
si Celindo y yo te damos
nuestras cuatro galeotas
de a tres remeros por banco, 175
y gozarás de una mora,
negro cabello, ojos garzos,
más blanca que nieve en copos,
más cándida que alabastro,
de quien serás recibido 180
con regalados abrazos
cuando vuelvas de correr
los márgenes valencianos.

Francisco Incitado me has de suerte
que en tus fragatas me parto. 185
Ni quiero casas ni padres,
viñas, güertas, montes, prados.
Adiós, España, que voy
al África en que habitaron
mis agüelos y mayores 190
en su ley por siglos tantos.
Ya no quiero ser Francisco,
desde hoy más Fuquer me llamo.
No conozco frailes tuyos,
gózalos tú si son santos. 195

Mis deudos prendes, España,
por la ley que profesamos;
allá no habrá qué temer.
Moros, a Argel me paso,
mas, ¡ay de ti!, que he de ser,   200
como en tu reino criado,
ladrón de casa, y robarte
tus hijos, hacienda, esclavos...
Guía, Dalí.

Dalí   ¡Oh buen Fuquer,
dame primero esos brazos!   205

Francisco   Vamos al mar.

Dalí   Ven tras mí.
Esa plancha acosta el barco.

(Leonardo, cautivo.)

Leonardo   ¡Fiera esclavitud esquiva,
del cielo el mayor castigo,
donde es dueño el enemigo   210
que de tanto bien os priva!
¡Argel, retrato en la tierra
del castigo del profundo,
porque tenga infierno el mundo
como en su centro se encierra!   215
De ti es claro testimonio
que un infierno y muchos nacen
a donde los turcos hacen
el oficio del demonio,
que si allá a los condenados
obligan a blasfemar,

aquí es más, que a renegar
fuerzan a los bautizados.
Pues en dar igual tormento,
¿qué competencia mayor?   225
Al alma con el rigor,
al cuerpo con el sustento,
bizcocho duro mezclado
de lágrimas, que han de dalle
los ojos para ablandalle,   230
que ha de ir en agua bañado;
[a]posento una fajena,
cama el suelo, y compañía
la desta cadena fría
que a todas las horas suene;   235
en males tan excesivos
no hay otro reloj mejor,
porque es el despertador
el sueño de los cautivos;
trabajar eternamente,   240
cortar leña, cultivar
los campos, edificar,
sufrir un dueño insolente,
son aquí nuestros regalos,
que solamente se teme   245
que el pobre cautivo reme,
donde le dan tantos palos
que, aunque no faltan acá,
es diferente el trabajo.

(Sale Aja, mora.)

Aja   A ver los cautivos va.   250
                    Dile tú que vuelvo ya.

Leonardo	Esto pues, ¿no se compara
	con el más cruel rigor?
	Mi ama me tiene amor,
	y amor que en mi muerte para. 255
	A que la goce me incita,
	con que su fuego inhumano
	a la espada del tirano
	atada un cabello imita.
	Caer tiene sobre mí, 260
	que será mi muerte creo.
Aja	¿No me has visto?
Leonardo	Ya te veo.
Aja	¿Qué estás hablando entre ti?
Leonardo	¿Parécete que no tengo
	de hablar si preso estoy? 265
Aja	Donde yo tu dueño soy
	y a ser tu cautiva vengo,
	¿de qué te puedes quejar
	si no es de ti mismo, ingrato?
	Trátasme mal, bien te trato, 270
	¿aquel pretendes culpar?
	Aborrécesme y te adoro,
	doyte el alma y huyes de mí,
	vivo muriendo por ti
	triste de ver que lloro, 275
	¿cuál de los dos es cruel?
	¿Quién a quien trata más mal?
Leonardo	Mi amor fuera al tuyo igual

	si hubiere igualdad en él,	
	mas si nos ha dividido	280
	el cielo en patria y en ley,	
	costumbres, gobierno, rey,	
	condición, lengua y vestido,	
	¿qué nos basta a conformar	
	de todo el poder del suelo?	285
	Que lo que divide el cielo,	
	¿qué amor lo puede juntar?	

Aja   Aunque bárbara nací,
             nombre que allá nos ponéis,
             ¿por qué pensáis que nacéis   290
             con otras almas que aquí?
             No quiero que de esa suerte
             pienses que tienes razón
             para probar tu intención.

Leonardo   Luego, ¿no es verdad?

Aja   Advierte.   295
             ¿Dios no fue el autor primero
             de cuanto vive?

Leonardo   Es sin duda,
             ni habrá criatura tan ruda
             que lo niegue.

Aja   Espera.

Leonardo   Espero.

Aja   ¿El alma tiene vestido?   300

Leonardo	No.
Aja	¿Tiene patria?
Leonardo	Sí.
Aja	¿Cuál?
Leonardo	El cielo, a todas igual, que para esa patria han sido.
Aja	¿Qué rey tienen?
Leonardo	Dios.
Aja	¿Qué ley?
Leonardo	La de Dios.
Aja	¿Qué centro?

Leonardo   Él mismo,   305
pero si van al abismo
tendrán diferente rey.

Aja   ¿De quién son?

Leonardo   De Dios es obra.

Aja   ¿Qué lengua tienen?

Leonardo   Igual,
aunque en el cuerpo mortal   310
por sus instrumentos obra.

Aja	¿Dónde está amor?
Leonardo	En las almas, si es pasión del alma.
Aja	Si iguales son, si una patria se les da, 315 si un rey, un príncipe, un centro, si amor en ellas está y en el hábito de acá no se viste el alma adentro, ¿cómo dices que no quieres 320 quererme por desigual, pues en el alma inmortal tan igual, Leonardo, eres? ¿Ves cómo tratas engaño? ¿Ves cómo eres mal nacido? 325 ¿Ves cómo ya te he querido y tú procuras mi daño? ¿Qué respondes?
Leonardo	Bien pudiera deshacer tus argumentos. Mi peligro considera. 330
Aja	Luego, ¿tienes temor?
Leonardo	Sí.
Aja	Señas de que no hay amor, que no tuvieras temor cuando tuviera amor en ti. Ninguno que ama temió. 335

Leonardo	No es eso lo que más lloro.
Aja	¿Pues qué?
Leonardo	¿Ves que ese Dios que adoro no quererte me mandó?
Aja	¿Por qué?
Leonardo	Porque en esta ley se prohíbe.
Aja	Eso es mentira, 340 que sé lo que manda, mira, ese tu Dios y tu rey.
Leonardo	¿Cómo, en este ciego abismo?
Aja	¿No te manda, y con rigor, que a tu prójimo traidor 345 lo quieres como a ti mismo?
Leonardo	¿No eres capaz de entender el cómo eso se entiende? Que antes nuestro Dios defiende amar la ajena mujer. 350
Aja	Dime tú que no quisieras la esclava por quien suspiras, que tú...
Leonardo	¿Cómo esas mentiras, cómo esas vanas quimeras,

	te hará ver con sus antojos	355
	de la carga vista el amor?	
Aja	Si tú, dios, y tú, señor	
	cristiano, infiernas tus ojos,	
	Dios con su ley soberana	
	y tu señor con temor.	360
	Dime, ¿con tanto rigor	
	guardáis vuestra ley cristiana	
	que allá jamás ningún hombre	
	ofende a Dios?	
Leonardo	Mucho escusa	
	ofendelle.	
Aja	¿Ni se usa	365
	«¿Qué, rey?», ni hay allá tal nombre?	
Leonardo	Amor hay.	
Aja	¿A quién se tiene?	
Leonardo	Tiénese a alguna doncella	
	para casarse con ella,	
	que con nuestra ley conviene.	370
Aja	¿Nunca algún hombre se halló	
	que haya querido a casada?	
	¿Jamás ofendéis en nada	
	al Dios que esta ley os dio?	
Leonardo	Alguno habrá habido allá.	375
Aja	¿Alguno no más, cristiano?	

	Miraldo bien.	
Leonardo	Esto es llano.	
Aja	Al revés se suena acá,	
	que allá ventanas tenéis,	
	aquí no se usan ventanas,	380
	allá tardes y mañanas,	
	aun las noches, si queréis,	
	las mujeres visitáis,	
	acá no se ve mujer.	
Leonardo	Esto todo viene a ser	385
	para que en más nos tengáis,	
	que esa licencia de allá	
	es porque son tan leales,	
	tan castas, tan principales,	
	pero si se usara acá	390
	y esa libertad os dieran,	
	no hubiera... Quiero callar,	
	dame licencia y lugar,	
	que otros esclavos me esperan,	
	que voy por leña.	
Aja	No sé	395
	qué más leña que tú mismo,	
	fuego de mi fuego mismo.	
Leonardo	Señora, yo volveré.	
	Suelta, que...	
Aja	Dame la mano.	
Leonardo	¡Señora!	

Aja	¡Dámela, perro!	400
Leonardo	¿No ves, señora, que es yerro querer?	
Aja	¡Ay, dulce cristiano!	
Leonardo	No me puedo detener.	
Aja	¡Perro, yo te haré matar! Hechizos te pienso dar, por fuerza me has de querer. Ya sabes que hay quien te hará que me quieras, y que dejes tu ley.	405
Leonardo	No hay por qué te quejes de mi intención.	
Aja	Tarde es ya, por fuerza te haré querer.	410
Leonardo	Oye.	
Aja	No me digas nada, que soy mujer despreciada, y soy principal mujer.	

(Váyase muy enojada.)

Leonardo	¡Triste de mí! ¿No bastaba mi esclavitud? ¿Qué consuelo me queda, oh piadoso cielo?	415

Flechas son de una aljaba,
mis pecados las merecen.

(Sale Felis, sacerdote cautivo, con un almaizar blanco y una cadena al pie.)

Felis	Ya pensé no hallarte aquí.	420
	¿Triste estás?	
Leonardo	Nunca me vi	
	más, tristes cosas se ofrecen	
	que se atreven al valor	
	al ser hombre, al ser cristiano.	
	¡Ay Felis, resisto en vano	425
	desta mujer el amor!	
	No dudo de mi flaqueza,	
	mas de esa perseverancia,	
	aunque hay tan grande distancia	
	de su intento a mi firmeza.	430
	Vi en ésa grande ocasión;	
	sacerdote eres, y amigo.	
Felis	Descansa el pesar conmigo,	
	en hombros de mi afición.	
	¿Trátate mal Solimán?	435
	¿Vas acaso a la galera?	
Leonardo	¡Ojalá, Felis, yo fuera	
	de esa galera galán!	
Felis	¿Es algo de tu señora?	
Leonardo	En eso estuvo mi mal.	440
Felis	Amor es furor mortal,	

fuego que el honor dé boca,
ley que a naide guarda ley,
tirano del albedrío,
pues llega su señorío   445
a ser de las almas rey.
Debes de haberte rendido,
o quiéreste ya rendir;
algo que temes cumplir,
Leonardo, le has prometido.   450
Confiésate, que es gran medio
para enderezar tus pasos.
Llama a Dios, que en tales casos
es el más cierto remedio.
Dime la verdad.

Leonardo   No fuera   455
ella ni el mundo bastante
a volver este diamante,
Felis, en blanda cera.
Vive la ley que profeso
que es fuerza que ha de vivir,   460
que en ella pienso morir
como Dios me guarde el seso.
Y dígolo desta suerte
porque Aja juró aquí
que, quitándome así,   465
será causa de mi muerte.
Ya sabes tú que en Argel
hay hechiceras que quitan
el seso y que a Circe imitan;
en transformaciones dél   470
han hecho muchos cristianos
renegar, llenos del fuego
deste amor lacivo y ciego,

	viendo sus intentos vanos,	
	que al que no pueden vencer	475
	con hechizos le transforman	
	en cera, y de cera forman	
	lo que dél quieren hacer.	
	¡Triste de mí, Felis mío!	
	Dame consejo, ¿qué haré?	480

Felis   No hay cosa, y es cierta fe,
que fuerza el libre albedrío.
Al demonio invocarán,
mas si el cristiano resiste,
¿qué fuerza tiene él?

Leonardo   ¡Ay triste,   485
veneno darme podrán
como me quiten el seso!

Felis   ¿En qué?

Leonardo   En la comida.

Felis   Espera.
Tu señora persevera
y tú temes mal suceso.   490
Tráeme un vaso de agua aquí.

Leonardo   ¿Para qué?

Felis   Ya lo sabrás.

Leonardo   Voy.

Felis   Dios ha de poder más,

hoy vuelve el cielo por ti,
hoy con diurno trofeo,   495
que al cielo estas glorias dan,
dirá amor como Julián:
«Bonyistam Galileo.»

(Sale Leonardo con un vidrio de agua.)

Leonardo   Aquí está el agua.

Felis   Ya sabes
                    que aunque al demonio le pesa   500
                    soy de la cruz de Montesa;
                    del cielo tengo las llaves
                    porque sacerdote soy
                    de Cristo.

Leonardo   Basta esa cruz,
                    que fue llave de luz   505
                    en el peligro que estoy.

Felis   Traigo al cuello, que he guardado,
                    Leonardo, toda mi vida
                    desta escuela esclarecida,
                    y del báculo sagrado   510
                    con que el Patriarca santo
                    pasó el Jordán caudaloso,
                    de la vara que el precioso
                    fruto nos dio por bien tanto,
                    del palo dulce que hizo   515
                    el agua amarga de Mara,
                    del holocausto y del ara
                    en que el Padre satisfizo
                    aquel cordero inocente,

	de aquel asta celestial	520
	que la sierpe de metal	
	levantó divinamente,	
	de la que fue aquellos días	
	la bendición de Efraín	
	del agua, bandera en fin,	525
	que profetizó Isaías,	
	al fin de la cruz sagrada	
	una parte, aunque pequeña,	
	del valor que toda.	

Leonardo   Enseña.

Felis   Detente, no digas más,   530
                  no nos sientan estos perros,
                  pero en virtud de que Cristo
                  colgado en ella fue visto
                  por nuestro bien de tres hierros,
                  en esta agua pura y clara   535
                  la pongo, y así serena
                  estos cristales, Jordán,
                  y ella, la divina, verás.
                  Bebe un trago, y da a beber
                  a esa esclava que persigue   540
                  Solimán, porque mitigue
                  el daño que os piensa hacer.

Leonardo   Retírate, que sospecho
                  que viene el mismo.

Felis   Ya voy
                  a donde acabando estoy   545
                  de aquel nuevo cuarto el techo,
                  que sirvo de dar madera,

yeso y ladrillo estos días.
Si tienes lugar, podrías
verme allí.

Leonardo   Si hoy salgo fuera,   550
no dudes que vaya a verte
y a darte cuenta de mí.

(Vase Felis.)

Felis   Fía en Dios.

Leonardo   Harelo así,
y por él vida es la muerte.

(Entre Marcela, cautiva.)

Marcela   Rato ha que espero un rato   555
en que descansar contigo.
¿Quién estaba aquí?

Leonardo   Un amigo
con quien mis desdichas trato;
es Felis, que hacer profesa
por todo esclavo cristiano   560
del hábito de Montesa.
Contele que Aja quería
darme hechizos, y mandome
que un trago de agua tomase,
por ventura, cada día,   565
en que la reliquia santa
de la cruz puso.

Marcela   También

	me vendrá, Leonardo, bien	
	tomarla en desdicha tanta,	
	que Solimán ha jurado	570
	hacer lo mismo conmigo.	
Leonardo	Pues contra el fiero enemigo	
	prueba este licor sagrado	
	y no temas su veneno,	
	porque si a mí me lo dan,	575
	sin esclavo quedarán,	
	y yo de descanso lleno,	
	que me pienso fingir loco.	
Marcela	Pues lo que te viere hacer	
	no dudes de que ha de ser	580
	mi remedio.	
Leonardo	Escucha un poco.	
Marcela	¡Ay triste, que es Solimán!	
Leonardo	Yo buscaré algún enredo.	
(Sale Solimán.)		
Solimán	¿Juntos, perros?	
Marcela	¡Muerta quedo!	
Leonardo	Ducientos palos me dan,	585
	señor.	
Solimán	¿De qué estás turbado?	

Leonardo	No me turbo, escucha.

Solimán	Di.

Leonardo	Pasando yo por aquí
	de Marcela descuidado,
	la vi casi desmayada	590
	de la nueva de saber
	que es muerto su padre.

Marcela	Ayer
	vino un fraile, ¡ay desdichada!,
	del Redentor compañero,
	y hoy me lo dijo.

Leonardo	Yo fui	595
	y truje este vidrio aquí.
	Toma, bebe.

Marcela	Beber quiero.

(Bebe Marcela.)

Solimán	¿No tengo mandado yo
	que no entren papas a ver
	mis esclavos?

Marcela	Llegó ayer	600
	y, afende, me lo contó.
	Es mi padre, helo sentido.

Solimán	No te pongo culpa a ti.
	¿Y tú por qué entras aquí?

Leonardo	Sentí, señor, el ruido,	605
	y porque no la perdiese	
	la quise dar este trago,	
	no presumiendo que en pago	
	tales enojos me diese,	
	pues confío en Dios que sea	610
	esta bebida su vida,	
	porque está en esta bebida	
	el remedio que desea,	
	que es contrayerba famosa	
	para desmayos de fe;	615
	donde el [un]icornio fue	
	un ramo de palma hermosa,	
	aquí una piedra bezar	
	tendrá tal virtud; no lo diga,	
	que le asegura la vida	620
	que puedo a mil hombres dar;	
	aquí un divino madero	
	que el palo santo retrata	
	y una tierra sigilata	
	con la sangre de un cordero,	625
	son contra todo veneno.	

| Solimán | ¿Sabes tú de confecciones? |

| Leonardo | ¿No lo ves? |

Solimán	De mil pasiones
	tengo, esclavo, el pecho lleno;
	muero de melancolía.	630
	Hazme alguna confección
	que me vuelva al corazón
	la libertad que tenía.

Leonardo	Yo le haré.
Solimán	Pues vete agora, que entre tanto en estos ojos 635 podrá templar sus enojos el alma que los adora.
Leonardo	Yo me iré.
Solimán	Vete.
Leonardo (Váyase.)	¡Ay de mí!, aunque es amor de los cielos, como son moros mis celos, 640 no tendrán fe para mí.
Solimán	Esclava, que mejor puedo llamar dueño deste esclavo, en inmortal prisión quedo. ¿Cuándo darás libertad 645 a ese corazón cautivo de esos ojos por quien vivo en tanta cautividad? ¿Cuándo, Marcela, mi suerte será tan favorecida 650 que, mejorando tu vida, des vida a mi injusta muerte? ¿No somos, cristiana, aquí como allá, que los cristianos? No son pensamientos vanos 655 estas promesas en mí, que, puesto que soy casado, puedo hacerte mi mujer, que si allá no puede ser,

| | no ha sido en mi ley vedado. | 660 |
| | ¿No hablas? | |

Marcela	¿Qué puedo hablar,	
	fendo, a persuasiones tuyas,	
	si de mi ley con las tuyas	
	me manda el cielo callar?	
	¿Qué puedo, aunque fueras rey	665
	de Argel, Tripol y Biserta,	
	decir sin ofensa cierta	
	de la lealtad de mi ley?	

Solimán	Perra, si al cristiano loco	
	que agora se va de aquí	670
	no le quisieras así,	
	no me tuvieras en poco,	
	que ni tu ley te obligara,	
	pues a muchas no ha obligado	
	que aquí en Argel le han dejado,	675
	ni el mismo Dios te forzara.	
	Pero si te fuerza Dios,	
	es amor, y si algún rey,	
	el gusto, y si alguna ley,	
	la que os ha puesto a los dos.	680
	Pues, perra, yo probaré	
	que la palabra me has dado	
	de renegar.	

(Leonardo entre.)

Leonardo	Ya he pensado	
	la confección que te dé,	
	y he menester, Solimán,	685
	ir por unas yerbas.	

Solimán	Creo
	que celos a tu deseo
	esa confección te dan.
	Perro, ¿a qué vuelves aquí?

Leonardo	¿No me mandaste que hiciese	690
	una bebida, y que fuese	
	para alegrarte?	

Solimán	Es así.

Leonardo	Pues yo tengo prevenidas	
	esmeraldas y coral,	
	oro, perlas y cristal,	695
	que pueden darte mil vidas.	

Solimán	Necio, cuando están presentes	
	esmeraldas en sus ojos,	
	coral en sus labios rojos,	
	perlas en sus blancos dientes,	700
	cristal en aquellas manos,	
	oro en su mucho valor,	
	¿me das bebida de amor	
	hecha de celos cristianos?	
	Anda, vete, y si jamás	705
	osas volver.	

Leonardo	Yo me iré	
	donde la bebida haré	
	del veneno que me das.	
	Echaré en mi proprio llanto	
	celos, desesperaciones	710
	del alma, que pasan tantos;	

	todas son flechas de amor,	
	todas raíces de fruto	
	de amarte injusto tributo,	
	que paga el alma el saber.	715
Solimán	¿No te has ido? ¡Viva Alá!	
Leonardo	Señor, ya me voy.	
Solimán	¿Qué hacías?	
Leonardo	Pensaba en que me decías	
	que no entrase más acá,	
	y ponderaba entre mí	720
	la obligación de un esclavo.	
Solimán	Que la ponderes alabo,	
	pero no ha de ser aquí.	
	Vete allá donde te alojas.	
Leonardo	Ya, fendo, me voy.	
Solimán	Acaba.	725
Marcela	¿Que sin ocasión te enojas	
	y que, sin dártela yo,	
	me presumes levantar	
	que he querido renegar?	
Solimán	Testigos tengo.	
Marcela	Eso no,	730
	que serán falsos testigos.	

Solimán	O falsos o verdaderos, tú lo harás.
Marcela	No me haga fieros.

(Aja salga.)

Aja	¿Tan juntos ya, y tan amigos? Dos mil años, Solimán, goces la esclava española.	735
Solimán	¿Por qué más de aquesta sola que de las que en casa están?	
Aja	Porque más bien te parece.	
Solimán	No estoy para celos.	
Aja	Baste.	740
Solimán	¿Qué se ha de hacer, si me enojaste, y mi amor no lo merece?	
Aja	Éntrate allá, vil esclava.	
Marcela	¿Cómo os he de contar, si he de saber y no he de saber?	745
Solimán	Aquí con Leonardo estaba, y esto solo la reñía.	
Aja	¿Por qué con Leonardo estás?	
Marcela	Porque no acierte jamás	

	tu gusto, señora mía.	750
	Si estoy con tu Solimán,	
	notables celos te doy,	
	y si con Leonardo estoy...	

Aja   Calla, infame, que dirán
lo que te oyeren decir,   755
que de que os habléis me pesa,
siendo vuestra invención esa
y vuestro común mentir.
A propósito sería,
por no dar qué sospechar,   760
que dejásemos hablar
los esclavos todo el día,
pues aunque, perra, os valgáis
de esa invención, no penséis
que con Leonardo hablaréis,   765
aunque a Solimán habláis.
Salid al punto de aquí
y os venderé a algún hebreo.

Marcela   Solo servirte deseo.

(Váyase.)

Solimán   ¿Por qué la tratas así?   770

Aja   Esa palabra esperaba.

Solimán   No es palabra sospechosa,
pues eres tú más hermosa,
y ella vil mujer esclava.

Aja   ¡Oh, qué contento me has dado!   775

	Por eso abrazar te quiero.	
Solimán	Eres mi bien verdadero. Vive, amores, sin cuidado y vende la esclava luego. No tengas celos de mí.	780
Aja	Quererte me tuvo así. Ya sabes que amor es ciego, mas quiero darte una nueva con que estos esclavos goces con más gusto y menos voces.	785
Solimán	¿Eso habrá más que te deba?	
Aja	Ciertos hechizos me ha hecho una amiga...	
Solimán	Cuerda eres.	
Aja	...con que harán lo que quisieres.	
Solimán	¿Es bebida?	
Aja	Eso sospecho.	790
Solimán	Que fuesen moros deseo.	
Aja	Eso es lo menos que harán.	
Solimán	¡Por vida de Solimán, que en esos ojos mi ver! Ven, y dales la bebida sin que lo entiendan.	795

Aja	Sí será.
Solimán [Aparte.]	Y mi esclava gozaré.
Aja [Aparte.]	Por Leonardo estoy perdida.
Solimán [Aparte.]	Finjo que esta loca ofrezco
	el alma, téngola en poco. 800
Aja [Aparte.]	Finjo querer a este loco,
	y en estremo le aborrezco.

(Vanse, y entran Brahín, hebreo, y Basurto, esclavo cristiano.)

Basurto	Paréceme que te vi
	en España.
Brahín	Sí verías,
	que allá viví muchos días. 805
Basurto	¿Pues cómo veniste aquí?
Brahín	Mi padre es noble, y cristiano,
	pero fue mi agüela hebrea.
Basurto	Judía dirás.
Brahín	Que sea
	ese nombre.
Basurto	Hablemos llano. 810
	¿Tu agüela guardaba allá
	la ley de Moisén?

Brahín	Si hacías
	efectos, era judía,
	pues esto es mi honra ya;
	criome, y desta crianza	815
	resultó creer su ley;
	temí la vara del Rey,
	que donde sabes alcanza,
	y por no manchar la fama
	de mis padres, me he pasado	820
	a Argel, donde estoy casado.

Basurto Yo sé bien cómo se llama
tu padre.

Brahín Calla, por Dios,
si estimas ya mi amistad.

Basurto ¿Vísteme en nuestra ciudad? 825

Brahín Más de una vez, y aun de dos,
tu cautiverio me pesa.
¿Cómo fue?

Basurto Si es cosa muy larga,
de mi remedio te encargo.

Brahín Téngolo por fuerte empresa. 830

Basurto Verdad es, porque mi amo
me estima.

Brahín Escucha un enredo
con que libertar te puedo,

	y conoce que te amo.	
Basurto	Sois los hebreos sutiles.	835
Brahín	Di que eras hebreo.	
Basurto	¿Yo?	
Brahín	Tú, pues.	
Basurto	Brahín, eso no, que son pensamientos viles.	
Brahín	¿Pues no lo sabrás fingir por ganar tu libertad?	840
Basurto	Supuesto que es liviandad, sí haré, que va el vivir.	
Brahín	No puede ningún hebreo ser esclavo; yo diré que eras mi deudo.	
Basurto	Y yo haré por la patria, que deseo cuanto quisieres, Brahín, trasformarme en perro, en galgo, que aunque he nacido hijo de algo seré diablo y puerco espín, y porque de puerco digo, advierte que he de comer tocino, y que he de beber de aquel licor que bendigo.	845 850

Brahín	Basurto, discreto eres,	855
	procura tu libertad,	
	que en tu patria y en tu ciudad	
	comerás cuanto quisieres.	
	Viendo Dalí que naciste	
	judío, te venderás	860
	por vil precio.	
Basurto	Bien está,	
	notable enredo finge este,	
	pero cómprenme y seré tuyo	
	hasta pagarte el precio,	
	que dándome a menos precio	865
	entre amigos lo hallaré.	
Brahín	Soy contento, y serás mío	
	hasta que puedas pagar.	
Basurto	¡Qué gatazo le he de dar	
	a este bellaco judío!	870
	Pero es decir mal de mí	
	mientras su pariente soy.	
Brahín	Pues, Basurto, a hablarle voy,	
	mas oye, que este es Dalí.	

(Sale[n] Dalí y el morisco que salió al principio, ya en hábito de moro, y llamado Fuquer.)

Fuquer	Paréceme mejor este vestido.	875
Dalí	Estás, Francisco, más galán al doble.	
Fuquer	No me llames Francisco.	

Dalí	No es posible
	llamarte de otra suerte hasta que vayas
	a la mezquita y niegues, como suelen
	los cristianos, la fe que allá tomaste.

880

Fuquer	Pues si yo era morisco.

Dalí	¿Eso qué importa?
	Que en efecto te dieron el Bautismo.
	Ve donde digo, porque juntos vamos
	a la mezquita y nuestra seta jures.

Fuquer	Pues voy a hablar al Faquí.

Dalí	Yo aguardo.

885

Brahín	Dalí, guárdete Alá.

Dalí	¿Qué es lo que quieres,
	judío noble?

Brahín	A Jordali pasando
	el Mesías, topé un cautivo tuyo.

Dalí	¿Es este?

Brahín	El mismo.

Dalí	¡Buena pieza!

Brahín	¿Buena?

Dalí	No hay quien le sufra en casa, a todos burla,

890

a todos hace mal, porque el sustento,
que es para todos, se lo come todo,
y eso estima, los palos que las voces,
y porque todos le aborrecen tanto,
le quiero bien.

Brahín	Has de saber que tiene	895
	deudo conmigo.	

Dalí   ¿Cómo?

Brahín   Lo que oyes.

Dalí   ¿Hebreo es este mozo, Alá divino?
                         ¿Basurto, hebreo? ¿Qué es lo que me dices?

Brahín   Basurto, hebreo.

Dalí   ¡Cómo!, ¿le conoces?

Brahín   Si somos de una patria, y de una sangre,   900
                         ¿no quieres que conozca un primo mío?

Dalí   Ven acá, esclavo.

Basurto   ¿Qué me quieres?

Dalí   Dime,
                         ¿tú eres hebreo?

Basurto   Sí, señor.

Dalí   Pues, perro,
                         ¿no te da vergüenza de decillo?

Basurto	Había callado de vergüenza, y conociome Brahín.	905

Dalí	¡Por Alá santo, que me pesa que un hombre de tu talle y de tu ánimo sea de aquesa gente! ¡Oh perro, escupe, cierra los ojos, rabia que te acabe! ¡Mirad qué sin vergüenza que lo dice!	910

Basurto	Siendo desta manera, ya tú sabes que no puedes tenerle.	

Dalí	Dime, infame, ¿el nombre de Basurto fue postizo? ¿Cómo te lo llamaste?	

Basurto	Mis pasados iban, señor, a la prisión del huerto, y aquel de quien deciende iba delante, y al llegar a la puerta dijo Judas: «Va sur to el escuadrón», y él respondiole: «Va sur to», y los demás desde este día le llamaran Basurto.	915

Brahín	¿Cuánto quieres por lo que sabes que tener no puedes?	920

Dalí	Cien escudos no más, que por Mahoma que, si fuese cristiano, que eran pocos dos mil ducados.	

Brahín	Esa bolsa lleva	

cien escudos sencillos por tu Jesús. 925

(Váyase.)

Dalí   Voyme por no lo ver.

Brahín   Guárdete el cielo.
                Ya serás mi esclavo. Acude luego a casa
                en tanto que del zoco doy la vuelta.

(Váyase.)

Basurto   En grande obligación, Brahín, te quedo;
                yo solicitaré los cien escudos.   930
                ¡Qué sutil invención! Pues vive el cielo
                que os he de dar tal vida que si agora,
                lo que vale dos mil, compráis por ciento,
                que lo que vale ciento dais por uno.

(Sale[n] Sahavedra, Felis, Dorantes, Leonardo, Pereda, Herrera, con haces de
leña y segures.)

Sahavedra   Hablemos aquí un poco, antes que vamos,   935
                cada cual a su casa, como puercos.

Felis   Temo que nos acusen.

Leonardo   ¿Quién es este?

Herrera   Basurto, ¿no lo veis? Basurto, hermano.

Basurto   Dorantes, Felis, Sahavedra, Herrera,
                Pereda, Leonardo.

Dorantes	¿Dónde buena?	940
Basurto	De libertarme.	
Pereda	¿Qué es lo que nos dices? ¿Vino la Redención, o han enviado de España tu rescate?	
Basurto	Peor que todo cuanto me ha sucedido en esta vida.	
Dorantes	¿Hante vendido?	
Basurto	Sí.	
Pereda	¿Quién te ha comprado?	945
Basurto	Un judío español.	
Leonardo	Cuéntate muerto, mas tú le tratarás como tú sueles.	
Basurto	¡Vive Dios que ha de darme por un cuarto antes de cuatro días, porque pienso darle humazos terribles como a diablo!	950
Leonardo	¿Con qué?	
Basurto	Con hacer lonjas de tocino, que yo sé un mercader que ha que las tiene... ¿Qué es esto? ¡Ay triste!	
Pereda	Un renegado viene.	

(Salgan todos los moros que pudieren en procesión, y detrás, si puede ser a caballo, y si no a pie, aquel Francisco, morisco muy galán de moro, con una flecha grande en la mano.)

Felis	Señores, ¿qué aguardáis? ¿No veis que es vuestro
	el día que reniega algún cristiano?	955
	Dar mil palos a todos los cautivos,
	por ver quién es, es justo que esperemos.

| Fuquer | Alá, Ilé, Alá, |
| | Mahomet resule Alá. |

(Canten los músicos, como sombra, las mismas palabras.)

| Felis | ¿De qué tierra es este mozo? | 960 |
| | ¿De qué nación? |

| Francisco | Morisco de Valencia. |

Felis	Eso no importa nada, compañeros.
	Los ojos enjugad, dejad lágrimas;
	morisco es este.

Leonardo	¡Oh cielos, alegrías!
	Yo sé que en su seta viven todos	965
	los más de aquellos reinos, pues castiga
	el Santo Oficio tantos cada día.

(Tornen a cantar la zambra y danzarla, y denles entre tanto muchos palos a los cautivos con unos rebenques, con que acabe la primera jornada.)

Fin de la primera jornada

Jornada segunda

Fuquer ya en las costas de Valencia con cuatro moros.

Fuquer
Bien queda en ese recaudo
la galeota escondida.

Moro
La barca del propio modo
queda en la cala.

Fuquer
No hay vida
como esta, miradlo todo.   5
Nadie parece en la playa
desde donde el agua raya,
margen en la blanda arena,
hasta donde a mano llena.

Moro
Fuego enciende tu atalaya.   10

Fuquer
¡Oh primera patria mía!
¡Valle antiguo de Segó!
¿Quién os dijera algún día
que viniera a veros yo
sin el traje que solía?   15
No hay árbol aquí, no hay risco,
que no conozca a Francisco
ya transfo[r]mado en Fuquer,
si no es que he trocado el ser
desde ser moro a morisco.   20
En la ley de mis agüelos
vivo yo, Valencia hermosa,
desde mis mudanzas celos,
que con mi espada famosa
te han de castigar los cielos.   25

Moro	Así en las mismas entrañas
	crio España a Julián.
Fuquer	Yo haré las mismas hazañas.
	¿Cuándo fuego haciendo están?
	Pienso, Tafir, que te engañas. 30
Moro	No me engaño, fuego es aquel.
	Haciéndolo está la posta
	en alto con un hacha encendida.

(Una Atalaya.)

Atalaya	Moros hay, moros de Argel.
Fuquer	Los jinetes de la costa 35
	vienen a los rayos dél.
	¡Por Alá que habemos sido
	sentidos!
Moro	Camina al mar.

(Salgan algunos cristianos soldados de la costa con lanzas y adargas.)

Castro	Tarde habéis, moros, venido.
	Daos a prisión.
Fuquer	¿Cómo dar? 40
	¡Tente, cristiano atrevido!
Castro	A ellos, si no se dan.
	¡San Jorge, soldados míos!

Cristiano	A la mar huyendo van.
Castro	Pero tú me muestras bríos. 45
Fuquer	¿Quién eres?
Castro	El capitán.
Fuquer	¿Qué capitán?
Castro	Castro soy.
Fuquer	¿Don Diego?
Castro	Sí.
Fuquer	A ti me doy.
Castro	Suelta la espada.
Fuquer	¡Ay de mí!?

(Entre Ribalta.)

Ribalta	Dos se han muerto y dos prendí. 50
Fuquer	En grande peligro estoy.
Ribalta	Los demás a una barquilla,
	que dos peñas escondieron,
	saltaron desde la orilla,
	puesto que apenas movieron 55
	de sus arenas la villa;
	como cuando sobresaltan

55

	aquel silencio sombrío	
	con que los bosques se esmaltan,	
	desde los juncos al río	60
	las ranas parleras saltan.	

| Castro | Aquí su arráez quedó. | |
| | ¿Quién eres, moro en Argel? | |

| Fuquer | No sé quién soy. | |

| Castro | ¿Cómo no? | |
| | Déjale morir en él. | 65 |

| Ribalta | Este hombre conozco yo. | |
| | ¿Tú no eras de Faura? Di. | |

| Castro | ¡Habla, perro! | |

| Fuquer | ¿Yo? ¿Qué dices? | |
| | De Argel soy, y de Argel fui. | |

Ribalta	¡Cómo!, ¿la lengua te desdices?	70
	Morisco, en Faura te vi.	
	Francisco es tu nombre, perro;	
	cristiano has sido.	

| Fuquer | Señores, | |
| | mirad que es notable yerro. | |

Castro	Todos estos son traidores,	75
	su vida llaman destierro.	
	El que se puede pasar	
	de Valencia a Argel se pasa;	
	después nos vuelve a robar,	

	que como ladrón de casa	80
	sabe las costas del mar.	
	Mejor es que se dé cuenta	
	al Santo Oficio.	

Ribalta   Eso apruebo.

Fuquer   Mi vida corre tormenta
          en mar de peligro nuevo: 85
          fuego el agua, el viento afrenta.
          Señores, doleos de mí.

Ribalta   Tira, perro, por ahí.

Fuquer   ¡Ah patria, justo castigo,
          pues vine a ser tu enemigo   90
          y en tus entrañas nací!?

(Váyanse, y entren Zulema y Amir.)

Zulema   En Cerdeña fue, en efeto,
          la galima, Amir amigo.

Amir   Tal gente traigo conmigo
          que el mar me tiene respeto.   95
          No hay, Zulema, en todo Argel
          galeotas como aquestas,
          más bien armadas, más prestas.

Zulema   Díjome ayer Moraicel
          que os habían dado caza   100
          los Orias.

Amir   Traen gran peso.

Que las temí te confieso
y eran del corso la traza,
que debieran ir ligeras
y llenas de mercadurías.   105
Pierden gente y gastan días.

Zulema   ¡Qué bien, Amir, consideras!
                Apenas se ve el estremo
                del estandarte, o color
                del guion, cuando el mejor   110
                pone las manos al remo.

Amir   Allá todo es gravedad;
                acá, si el mismo Rey fuera,
                enojando el ropa fuera,
                dejaran la majestad   115
                las obras muertas. Bajaremos
                donde hagan lastre, y no impidan,
                para que los vientos midan
                con las alas que llevamos.
                Tendemos para crujía   120
                el árbol y la mesana,
                con que su esperanza vana
                dejemos el mismo día.
                Seguro estoy que podrán
                a mí alcanzarme a lo menos.   125

Zulema   ¿Hay buenos esclavos?

Amir   Buenos.

Zulema   ¿Dónde los tienes?

Amir   Ya están

vendiéndolos en el coso,
mas por aquí pasan ya.

(Salen un Pregonero, dos o tres moros, Bernardo, viejo, Lucinda, su mujer, Luis y Juanico, muchachos cautivos.)

Pregonero	¿Quién da más? ¿Quién más me da?	130
Moro	¿Lo que os doy por él es poco?	
Pregonero	Ciento por el más pequeño me dan a luego pagar. Ciento y diez os quiero dar.	
Moro	¿Qué nación?	
Bernardo	Corso, y isleño. ¿Está sano este muchacho?	135
Pregonero	Miradle.	
Juanico	¡Ay madre!, ¿qué es esto?	
Amir	Abre aquesa boca presto. Abre, no tengas empacho.	
Juanico	Buenas las tengo, señor. Ninguna me duele agora.	140
Zulema	¡Bello muchacho!	
Juanico	¿Señora?	
Zulema	Menea esos brazos bien.	

Amir	Con vós aceto el concierto	
	por menos que otros me den.	145
Zulema	Ciento y diez, Amir, os dan;	
	ciento y veinte os doy.	
Amir	Ya es.	
	Ya es, que amistad os muestro.	
Zulema	Tristes los padres están.	
	Si no, ven conmigo.	
Juanico	¿Adónde?	150
Zulema	A mi casa.	
Juanico	¡Ay, madre mía!	
Lucinda	Llegó de muerte el día.	
	Tierra, en tu centro me esconde.	
	¡Hijo!	
Amir	¡Déjale!	
Lucinda	Señora,	
	dejadme el mismo abrazar.	155
Juanico	Madre, ¿que me ha de llevar?	
Lucinda	¡Ay hijo, estraño rigor!	
	Mas, pues no puede ser menos,	
	mi Juan...	

Zulema	¡Oh, qué bríos! Juan dijo.

Lucinda	Mirad, mi bien, que sois hijo	160
	de padres nobles y buenos.	
	Muy tierno os llevan de mí;	
	abrid los ojos, amores.	
	Los regalos y favores	
	no os muden, hacedlo así.	165

Juanico	Sí, madre.

Lucinda	Dad la palabra.
	Adiós.

Juanico	Palabra la doy
	de estar en la fe que estoy
	aunque la tierra se abra.

Lucinda	Acordaos siempre, mis ojos,	170
	de rezar, pues lo sabéis,	
	que si rezáis y ofrecéis	
	vuestras prisiones y enojos,	
	aquel Santo Redemptor	
	de la Trinidad sagrada	175
	y de la Merced fundada	
	en su soberano amor,	
	él abrirá con la llave	
	de su cruz vuestra cadena.	

Juanico	Señora, no tenga pena	180
	si mi buen intento sabe,	
	que ni el regalo ni el palo	
	me mudarán deste intento.	

Lucinda	Hijo, aunque el castigo siento,	
	temo en estremo el regalo.	185
Zulema	Déjale ya, que mañana	
	ha de ser moro.	
Lucinda	Antes vea	
	su muerte.	
Luis	En lo que desea	
	era su esperanza vana.	
	Acuérdate, dulce hermano,	190
	de que eras cristiano allá.	
Juanico	Yo lo haré.	
Zulema	Déjale ya.	
Luis	Pues haz, Juan, como cristiano.	
Juanico	Luis, ¿no me irás a ver?	
Luis	Sí, hermano.	
Zulema	Suelta el muchacho.	195
Lucinda	Al cielo un ángel despacho.	
	Mártir, Juan, habéis de ser.	
Juanico	Madre, adiós.	
Lucinda	Él te defienda	
	de los engaños crueles	
	destos perros infieles.	200

Bernardo	Paso, y ninguno te entienda,
	que se vengarán en él.
	Hijo, adiós.
Juanico	Mi padre, adiós.
Moro	Ya os concertaste[s] los dos.
	Y este, ¿cuánto piden dél? 205
Pregonero	Por este dan ciento y veinte.
Amir	¿Ya veis que es mayor?
Moro	Quisiera
	a otro aunque menor fuera.
Amir	Buscad otro que os contente,
	que a fe que habéis de pasar 210
	de ducientos.
Moro	No es razón.
Pregonero	Es una perla el garzón.
	Dejádmele pregonar.
Moro	Quedo, que estoy en concierto.
	¡Ea!, los docientos doy. 215
Amir	Vuestro es.
Luis	¿Que vuestro soy?
Moro	Sí.

Luis	Más quisiera ser muerto.
Bernardo	Luis.
Luis	¡Padre de mi vida!
Bernardo	Vendido vas.
Luis	Voy sin vós.
Bernardo	¿Has de olvidarte de Dios? 220
Luis	¿Cuál hombre de Dios se olvida? Antes veréis las estrellas como peces en el mar y los delfines nadar por donde relumbran ellas, 225 antes la tierra pesada sobre la esfera del fuego, el Sol en el limbo ciego, cuerpo y peso a lo que es nada, antes veréis que el Sol yerra 230 su curso...
Moro	¡Calla, rapaz!
Luis	... en los elementos paz, entre dos humildes guerra, que ver mi padre sin fe. Luis soy, tengo de imitalle. 235
Moro	Eso de Luis se calle después que yo te compré,

	y Yuf y Zuf te apellida.	
Luis	No, sino Luis, señor.	
Moro	Con castigo y con amor verás que el Luis se te olvida.	240
Pregonero	¿Queréis vós esta cristiana?	
[Moro 2.º]	¿Por cuánto me la darán?	

(Entran Sahavedra y Herrera.)

Sahavedra	¿Qué? ¿Concertados están de verse hoy por la mañana?	245
Herrera	Aquí se quieren juntar. Felis lo ha trazado así.	
Amir	Otra no tan buena di en más precio.	
[Moro 2.º]	¿Esto he de dar?	
Amir	Agora bien la esclava es tuya.	250
Pregonero	Del viejo, ¿qué hemos de hacer?	
Amir	Pues nadie le ha de querer por ser larga la edad suya, en casa quedará para andar una atahona.	255
Lucinda	¡Ay, mi Bernardo!	

[Moro 2.º]	Perdona, que otro dueño tienes ya. ¿Cómo te llamas?
Lucinda	Lucinda.
[Moro 2.º]	Pues Lucinda, tu marido yo soy ya.
Bernardo	Que me divido
	de ti sin que el alma rinda.
Lucinda	Adiós, mi Bernardo.
Bernardo	Adiós, prendas por mi mal perdidas.
Amir	Ven donde tu premio pidas.
Pregonero	Bien has ganado en los dos.

260

265

(Váyanse y queden Sahavedra y Herrera, cautivos.)

Sahavedra	Si donde viene tan muerta la cristiana religión, con alguna devoción, no resucita y despierta, vendrase a perder del todo.
Herrera	Ya está, Sahavedra, aquí.
Sahavedra	¿Esperada?

270

(Sale[n] Pereda y Dorantes.)

Pereda	Amigos, hoy se ha de ordenar el modo como mejor aliviemos este Jueves Santo.	
Herrera	Quiere, Felis, quiere Dios no altere a los amos que tenemos, que se haga una procesión famosa de diciplina.	275
Dorantes	No hay duda de que es divina, más que hermana inspiración, porque haremos monumento y mil cristianos dormidos abriremos los oídos en este santo instrumento. Oirá nuestras voces Dios y nuestra sangre vertida recibirá.	280 285

(Basurto entre.)

Basurto	¿Que tal vida, Basurto, pase por vós? ¿Esto se puede sufrir? ¿Soy hombre o bestia?	290
Sahavedra	¿Qué es esto? Basurto, ¿con qué gesto?	
Dorantes	¿Dóndc vas?	

Basurto	Voy a morir.	
	Topome el diablo, señores,	
	con un bellaco judío	295
	que se hizo amigo mío,	
	y no hay contra nós mayores,	
	que me compró de mi amo	
	fingiéndose mi pariente;	
	que como sabéis del amo,	300
	donde paso hambre mortal	
	y la desnudez que veis,	
	mirad si acaso tenéis	
	entre todos medio real,	
	que estoy como perro en siesta	305
	cuando el dueño no ha venido.	
Pereda	¿Que tan mal te ha sucedido?	
Basurto	Es propria ventura aquesta	
	de los que son desdichados,	
	no hay miseria cual la mía.	310
	Como a perro a mediodía	
	me ponen agua y salvado,	
	y porque el sábado, que era	
	fiesta suya, eché en la olla,	
	donde estaba una polla	315
	y un pedazo de ternera,	
	dos deditos de tocino	
	rancio que me dio un francés,	
	por comérmelo después	
	con cuatro veces de vino	320
	que de limosna busqué	
	entre ciertos mercaderes,	
	fue mi dicha.	

Sahavedra	¿Llorar queréis?

Basurto

El caldo entonces lloré,
porque dándome con ella   325
el traidor, ¿quién tal pensara?,
lloré el caldo por la cara
que me virtieron por ella,
mas como también me olía
y tanta lengua sacaba,   330
y lo que en la nariz topaba
en la boca lo metía,
mas pagómelo.

Dorantes

¿Cómo?

Basurto

Una cuerda que hallé
de vigüela corté   335
en pedacitos pequeños,
y echéselos otro día
en la olla.

Herrera

¿Y al sacalla?

Basurto

Que dos mil gusanos halla
en ella se parecía,   340
porque la cuerda cocida
todo parece gusanos.

Dorantes

¿Quién duda que fue a tus manos
toda entera remitida?

Basurto

Diómela, mas yo, fingiendo   345
asco, aún no quería vella,

y me forzaban a comella,
«¡Cómela, perro!», diciendo,
«que estos gusanos que ves
te han de comer dentro vivo».   350
Yo decía: «¿Que a un cautivo
ponzoña y gusanos des?»;
«¡Justicia del cielo, perro!»,
el judío replicaba,
«¡Come!» Yo, que no jarraba,   355
pero: «¡En fin con ella, perro!»,
y diciendo: «¡Porque pierdas
el esclavo, vil hebreo,
tengo de ser el Orfeo!»,
y siendo el pie de una polla,   360
ternera tierna y perdiz
debajo de la nariz,
me fui metiendo la olla.

Pereda   ¿Y a eso tan triste vienes?

Basurto   Notables burlas le hago,   365
                  con que en esto me pago.

Herrera   ¡Dichosa desdicha tienes!

Basurto   ¿A qué os juntastes aquí?

Sahavedra   A honrar nuestro Jueves Santo,
                  que queremos hacer cuanto   370
                  hacen en España.

Basurto   ¿Ansí?

Sahavedra   Sí, Basurto. Procesión

de diciplina ha de andar.

Basurto   Esa podéis escusar,
                 pues tan ordinarias son,   375
                 y hagamos el monumento.

Pereda   Esas que por fuerza son
                 no tienen la devoción,
                 que la que ordenar intento
                 diciplinas ha de haber,   380
                 túnicas, andas y cera.

Herrera   ¿Quién viene?

(Felis entre.)

Felis   Quien os quisiera
                 juntos en España ver.

Sahavedra   ¡Ah, Felis!, ¿ya está trazado
                 el hacer la procesión?   385

Felis   Mover vuestra devoción
                 es lo que tengo pensado,
                 y que enternezcáis los pechos
                 destos fieros renegados
                 y algunos determinados,   390
                 por ejemplo de los hechos,
                 que se quieren hacer moros.
                 ¿Cómo llevarevos cera?

Herrera   Contribuyendo cualquiera
                 de aquesos pobres tesoros,   395
                 más de alguna ama sé yo

que dará dinero.

Pereda	En todo se buscará el mejor modo.
Felis	No hay túnicas.
Pereda	¿Cómo no? Aunque el chaleco se vuelva 400 lo de atrás para adelante.
Felis	Algún paso es importante que en lágrimas nos resuelva.
Herrera	¿Qué paso?
Felis	La cruz a cuestas mueve a grande devoción, 405 sacando a su obstinación lágrimas si están dispuestas.
Basurto	Haya alguno que el Dios mío, que la cruz ha de llevar, cristianos os quiera dar, 410 que yo os prestaré el judío.
Felis	¿En qué le harás?
Basurto	Ya está hecho.
Dorantes	¿A tu amor?
Basurto	El mismo es, y aun irá sin interés,

	que no está bien satisfecho.	415
Felis	Agora bien, el guardián viene por aquí; no es bien que antes diciplina os den.	
Basurto	¿Quereisme hacer sacristán destos pasos que veréis? ¿Qué andas llevaréis?	420
Felis	Una, mañana.	
Basurto	¿Dónde?	
Felis	En casa de Sultana.	
Basurto	Adiós.	
Felis	Allá me hallaréis.	

(Váyanse, y entren Solimán y Aja.)

Solimán	¿Qué les has dado, enemiga?	
Aja	Lo que Fátima me dio.	425
Solimán	No es posible.	
Aja	¿Cómo no? Celia, Solimán, lo diga.	
Solimán	¿Cómo están locos los dos?	
Aja	Tomaron más cantidad.	

Solimán	Aja, dime la verdad.	430

Aja	Esta es la verdad, por Dios.

(Salgan, fingiéndose locos, Marcela y Leonardo.)

Marcela	No hay qué tratar, ya he de ser su esposa de Solimán.

Leonardo	Y yo soy de Aja galán.

Marcela	¿Quién es Aja?

Leonardo	Es mujer.	435

Marcela	¡Malos años para vós! Aja no tendría migaja de vós, porque yo soy Aja, y haré raja a los dos.

Solimán	¡Tente, loca!

Aja	¡Tente, loco!	440

Marcela	¡Tente tú!

Leonardo	¡Tú también tente!

Solimán	¡Qué locura!

Aja	¡Qué accidente!

Marcela	¡Todo es nada!

Leonardo	¡Todo es poco!	
Solimán	¿Sabes que soy tu señor?	
Marcela	¿Sabes que soy reina agora?	445
Aja	¿Sabes que soy tu señora?	
Leonardo	¿Sabes que soy el mayor de cuantos reyes han dado ley al mundo?	
Solimán	Las prisiones te harán cuerda.	
Marcela	Si me pones de yerro un monte labrado, no es peso para mis pies, que soy espíritu.	450
Aja	Esclavo, ¿sabes que el loco más bravo por la pena no lo es?	455
Leonardo	¿Sabes cómo no hay más pena que la que tengo en el alma? Apretó amor con la palma, y está la madera llena. ¡Viva España!	
Marcela	¡Viva España!	460
Solimán	Locos nos han de volver.	

Marcela	Aun no debéis de saber en qué para la maraña, pues sabéis que hay encubierta una cosa contra vós, 465 que la trazamos los dos.
Aja	¡Triste! ¡Mi desdicha es cierta! Esta debe de querer decir que a Leonardo quiere.
Solimán	Que por su hermosura muero 470 hoy le dice a mi mujer. ¿Oyes, Aja?
Aja	¿Qué me quieres? Estos son locos, no obligan a crédito en cuanto digan.
Solimán	Así es verdad, cuerda eres, 475 que quien no tiene sentido como el reloj siempre está, que no entiende lo que da.
Leonardo [Aparte.]	¡Cuerda la invención ha sido!
Solimán	Ea, Leonardo, hoy has de ir 480 al monte a hacer leña.
Leonardo	Bien, haced que presto me den esa bestia en que salir, que he de traer seis encinas para quemaros.

76

Solimán	¿A mí?	485

Leonardo   ¿Pues a quién mejor que a ti?

Solimán   ¿No adviertes que desatinas?
               Aja, gran mal me has causado.
               Los dos esclavos mejores
               he perdido.

Aja   Estos rigores   490
               de la fuerza han resultado.
               Principios son, no te espantes.
               Vamos, pasará el furor.

Solimán   ¡Qué mal se conquista amor
               con violencias semejantes!   495
               Amor de blandura nace,
               de regalo y de amistad,
               que es libre la voluntad
               y vive en la ley que hace.
               Cuéntalos ya por perdidos.   500

Aja   Déjalos estar un poco.

Solimán   Tarde o nunca vuelve un loco,
               Aja, a cobrar los sentidos.

(Váyanse Aja y Solimán.)

Leonardo   ¿Quién eres tú?

Marcela   ¿Quién? Yo soy
               la reina de Trapisonda.   505

Leonardo	Da una vuelta a la redonda.
Marcela	Digo que una vuelta doy.
Leonardo	Es verdad, la Reina eres,
	¿mas quién dirás que soy yo?
Marcela	El primero [que] salió 510
	por las murallas de Amberes.
Leonardo	Pardiez, ¿no me has conocido
	como vengo disfrazado?
Marcela	¿Quién eres?
Leonardo	Antón pintado.
Marcela	Cobra, mi bien, el sentido. 515
Leonardo	Sí haré, pues a verte llego,
	y tales mis llamas son,
	que ya soy pintado Antón
	por las que traigo de fuego.
	¿Cómo, mis ojos, te ha ido 520
	con la bebida cruel?
Marcela	El antídoto fiel
	único remedio ha sido.
	Como aquel agua bebí
	que el unicornio ha templado, 525
	la ponzoña que me dio
	fue epítima para mí.

Leonardo	Lo mismo me ha sucedido,
	que aquella vara divina
	que revolvió la piscina	530
	toda mi salud ha sido.
	Yo fui el pobre, el ángel fue
	Felis, la vara, el madero,
	leña de Isaac el cordero
	que sobre el monte se ve,	535
	tan firme que vendrá día
	en que nos den libertad.

| Marcela | ¿Qué soy de tu voluntad? |

| Leonardo | El dueño. |

| Marcela | Tú de la mía. |

| Leonardo | Muero por darte un abrazo. | 540 |

| Marcela | Ya espero que tengas vida. |

(Abrácela.)

(Solimán entre.)

| Solimán | ¿Qué es esto? |

| Leonardo | ¡Suelta, atrevida! |

| Marcela | ¿Cómo? |

| Leonardo | Hanos visto el perrazo. |

| Solimán | ¿Aquí paro la locura? |

Leonardo	Dice esta, y son embelecos,	545
	que es la reina de Marruecos.	

Solimán	Sí puede, por hermosura.

Marcela	Pues, ¿qué tengo yo de hacer	
	si él dice en esta ocasión	
	que es él un pintado Antón?	550

Leonardo	¿Le hago?

Marcela	No puede ser,
	que entonces fue desatino,
	porque para ser Antón
	os saltaba este cochino.

Solimán	¿Cuál decís?

Marcela	Luego, ¿no os vais?	555
	Pues dad una vuelta en cerco,	
	que vós mismo sois el puerco,	
	mas no, que no le comáis,	
	y es linda transformación30,	
	si bien lo consideráis,	560
	que siendo perro os volváis	
	en puerco de San Antón.	

Solimán	Bella esclava, hermosos ojos	
	que agora tenéis en calma	
	la mejor parte del alma	565
	solo para darme enojos,	
	¿qué cruel estrella mía	
	os quitó el entendimiento?,	

¿quién de tan rico aposento
osó desterrar el día?,   570
¿quién puso en este tesoro
un encanto semejante?,
¿quién desengastó el diamante
de tales esmaltes y oro?
Tiros y vaina bordada   575
sin espada parecéis,
que a nadie servir podéis
mientras os falta la espada.
Fuerte consejo me dio
Aja, mi loca mujer;   580
lo que yo pensaba hacer
con su invención me estorba,
que con dos falsos testigos,
y con menos pesadumbre,
como es en Argel costumbre   585
jurar criados o amigos,
que me dijiste probara
que queríades ser mora,
y lo fuérades agora,
y yo con vós me casara.   590
Mas ya, ¿cómo puede ser?

Leonardo   Hola, galgo, no te entones,
ni digas esas razones
a la Reina, mi mujer,
que cuando le levantaras   595
ese falso testimonio,
inducido del demonio
a renegar le llevaras,
yo con mi ejército fuera
y la mezquita abrasara,   600
a la cristiana cobrara

y a las ancas la subiera
de mi caballo hipogrifo,
y la llevara a París.

Solimán	Perdido está.	
Leonardo	¿Qué decís?	605
Marcela	Que soy sierpe.	
Leonardo	Yo soy grifo.	
Marcela	Cierra con él.	
Solimán	Quedo, esclavos, que os haré echar en prisión.	
Leonardo	¡Oh, qué linda colación, que no se me da dos clavos!	610
Solimán	Quiero dejarlos un poco, que debe de ser temprano.	
Leonardo	Prisiones al viento vano es ponérselas a un loco. La mayor prisión del mundo es la de la voluntad.	615
Marcela	Decís, Leonardo, verdad; en la que tengo me fundo.	
Leonardo	El mayor rey de amor.	
Marcela	La suya, ¿es fuerza, o es ley?	620

Leonardo	No lo sé, mas sé que es rey.
Marcela	No es rey.
Leonardo	¿Pues qué es?
Marcela	Atambor.
Leonardo	¿Qué dices?
Marcela	Lo que has oído.
Leonardo	¿Cómo pruebas que es verdad?

Marcela
    Porque es todo vanidad,   625
    y hace notable ruido.

Leonardo
    Bien dices, que el atambor
    esta vacío de dentro,
    y infama, y toca en el centro
    de la hacienda, del honor,   630
    mas déjate de locuras
    y háblame, mi bien, de veras.

Marcela
    ¿Qué veras, Leonardo, esperas
    deste mi amor más seguras?
    Esclava, libre, en prisión   635
    o en la patria, aquí en Argel
    o en España, soy de aquel
    que me cuesta estas prisiones.
    En estos brazos descansa;
    este es mi centro, mi bien.   640

(Entre Aja.)

Aja   Si estará ya tu desdén
               llorado, templado y manso,
               ¿qué es esto, perros?

Leonardo   Desata
               el lazo, Marcela mía.

Aja   Tú eres la loca, desvía.   645

Marcela   ¡Oh, qué graciosa beata!
               ¿Sabéis vós lo que buscaba
               en este hombre?

Aja   Lo que yo
               jamás hallé.

Marcela   ¿Por qué no?

Aja   Porque en ti, Marcela, estaba.   650

Marcela   ¿Qué buscáis?

Aja   La voluntad.

Leonardo   La voluntad ya se fue.

Aja   Mi bien, ¿dónde la hallaré?

Leonardo   ¿Quereisla hallar?

Aja   Sí.

Leonardo	Escuchad.	
Aja	Haz verdadero el retrato,	655
	cristal, pues eres mi espejo.	
Leonardo	En la cocina la dejo	
	colgada de un garabato.	
Aja	¡Ay loco del alma mía!,	
	si loca te conquistase,	660
	no dudes de que intentase	
	esta cautiva este día.	
	¿Quién me dio tan mal consejo	
	que tal veneno te he dado?	
	Si yo la vena he quebrado,	665
	¿por qué del cristal me quejo?	
	Mas si cuerdo me aborreces,	
	¿cómo no me quieres loco?	
	Dudas lo mucho, y lo poco,	
	tienes el rigor que otra vez.	670
	Si ya no tienes sentido,	
	o el que tuviste a lo menos,	
	¿cómo están los tuyos llenos	
	de mi desdén y tu olvido?	
	Si la memoria no mengua	675
	como el seso, ¿qué es ser loco?	
Marcela	Hola, galga, poco a poco,	
	que os haré cortar la lengua.	
	¿Sabéis que no habéis de hablar	
	en cosas que a mí me ofenda?	680
Aja	¿Pues quién es este?	

Marcela	Una prenda
	que os quiso el cielo empeñar,
	guardalda, y no os sirváis della,
	pues la tenéis empeñada,
	que si vuelve maltratada, 685
	no os darán un cuarto por ella.
Aja	Agora bien, ningún provecho
	se saca de que estéis juntos,
	que crece el rigor por puntos
	de que mis celos le han hecho. 690
	Vete, Leonardo, de aquí.
Leonardo	Vete tú, Marcela.
Marcela	Quiero
	que este se vaya primero.
Leonardo	Luego, ¿tienes celos?
Marcela	Sí.
Aja	Lo que cuerda me negaba, 695
	ya me lo confiesa loca.
Marcela	Es blando el amor de boca,
	y si le corréis...
Aja	Acaba.
Marcela	Vete, Leonardo.
Leonardo	Por ti
	yo me iré.

| Marcela | Pues yo también. | 700 |

| Leonardo | Adiós, loca. |

| Marcela | Adiós, mi bien. |

| Aja | ¡Por Alá que he de venderos
por un real al Redentor!
¡De celos es rudo amor
fuego, y qué padres tan fieros! | 705 |

(Vanse, y entren con algunas diciplinas y luces los cautivos que puedan, y Basurto con un báculo.)

| Basurto | Ténganse los de adelante,
y esto vaya como ha de ir.
La orden se ha de seguir.
Poco a poco, Bustamante;
llevad despacio el pendón,
no venga tan presto el paso. | 710 |

(Amir y Zulema.)

| Zulema | Digo que es notable caso. |

| Amir | ¿Y qué es esto? |

| Zulema | Procesión.
Úsase esto en su tierra,
y que llaman Viernes Santo. | 715 |

| Basurto | Ya digo que no anden tanto. |

(Entre Dalí.)

Dalí	¿Qué es esto, canalla perra?
Sahavedra	Quedo, nuestro amo ha venido.
Dalí	¿Quién fue desto el inventor? Hablad presto.
Felis	Yo, señor.

720

Dalí	¿Tú, perro?
Felis	Yo he sido.
Dalí	¿Por qué mandas azotar mis esclavos? ¿Qué te han hecho?
Felis	Bien estarás satisfecho, que no lo puedo mandar; rogar sí, y si se azotan, porque yo se lo he rogado.

725

Dalí	Y eso, perro, ¿no es pecado? ¿No ves que a Argel alborotan y que pueden enfermar de la sangre que han vertido? ¿Hombre cristiano ha podido mis esclavos castigar?

730

Felis	Esta es una imitación de lo que en España hacemos cuando celebrar queremos de nuestro Dios la Pasión.

735

(Moros con alabardas, Cigala y Masol.)

Cigala	Alá te guarde.
Dalí	Capitán, ¿qué queréis? ¿Con guardas en mi casa?
Cigala	Dalí, escucha.
Dalí	¿Quién os envía?
Masol	El Rey.
Dalí	El Rey, ¿qué quiere?

740

Cigala	¿Conociste a Francisco, aquel morisco que se volvió a la seta de sus padres, y se llamó Fuquer?
Dalí	Bien le conozco, y sí, yo le truje, y la tomó a mi ruego,

745

y vuelve con mi gente y galeotas
a las playas y costas de Valencia.

Masol	Pues sabe que es perdido.
Dalí	¿Qué me cuentas?
Masol	Perdiose entre las guardas de la costa, y siendo conocido de un cristiano

750

fue llevado a la cárcel, que en España
le llaman el Santo Oficio, donde en breve
fue quemado en un palo. Al Rey lo escribe

89

una espía que vive en Alicante.
El Rey está informado que en tu casa
tienes un sacerdote valenciano   755
de la cruz de Montesa, y este pide,
para quemarle vivo por venganza.

Dalí   ¿Quién es de mis esclavos sacerdote?

Felis   Yo soy.

Dalí   ¿Qué es de la cruz que aqueste dice?

Felis   Debajo del alquicel la traigo siempre.   760
                Vesla aquí en el chaleco.

Dalí   Pues llevadle.

Felis   Señor, ¿que tal ha sido mi ventura?
                ¡Oh, qué bueno que voy para imitaros!
                Dadme, moros, el palo, y llevarele
                sobre los hombros, ya que me habéis dado   765
                estos azotes.

Cigala   Si llevarle quieres,
                yo te daré ese gusto.

Felis   Adiós, cristianos.
                Amigo Sahavedra, adiós.

Sahavedra   No puedo
                responderte de lágrimas.

Felis   Pereda,
                quedaos con Dios. Adiós, Herrera amigo.   770

Todos me encomienden a Dios, y luego
los pobres vestidillos que tenía
daréis por Dios a los cautivos pobres.

Dorantes   Yo haré lo que me mandas. Dios te quiere.

Felis   Basurto, adiós.

Masol   Acaba ya, perrazo.   775

Zulema   Vámoslo a ver.

Dalí   Yo voy a ver su muerte
                  para vengarme de lo que he perdido.

Cigala   El Rey quiere pagarte lo que vale.

Dalí   ¡Ay, mi amigo Fuquer!

Sahavedra   Vamos, amigos,
                  a llorar esa pérdida notable.   780

Basurto   El paso que faltaba al fin se ha hecho.

Pereda   Sí, pues imite al sumo sacerdote
                  aqueste sacerdote valenciano.

Herrera   ¡Padre perdemos!

Dorantes   ¡Dios nos dé consuelo!

Sahavedra   Hoy hay correo de la tierra al cielo.   785

(Éntrense, y salga Juanico vestido de moro, y diga:)

91

Juanico	Agora sí estoy contento,
	bien vestido y regalado.
	Basta lo que he porfiado,
	pues era imposible intento.
	Dio Zulema en azotarme, 790
	hízome por fuerza moro.
	Verdad es que a Dios adoro,
	de quien no puedo olvidarme,
	¿pero cómo he de sufrir
	tanto castigo tan tierno? 795
	Mas si he de ir al infierno
	cuando me venga a morir,
	creo que fuera mejor
	dejarme matar del moro.
	Mas, ¡qué lindo es este oro! 800
	¡Qué rica tela y labor!
	Mas no quiero detenerme,
	que hoy empalan a un cautivo
	y querría verle vivo.

(Su hermano Luisico entre.)

Luis	Por aquí pienso esconderme 805
	hasta que pasar le vea.
	Aquí hay un muchacho moro,
	él me dirá de quien lloro,
	y verle también desea.
	Niño, que te guarde Alá, 810
	mas, ¡ay Dios!, ¿qués lo que he visto?
	Juanico, ¿dejaste a Cristo?

Juanico	Luisico, ven acá.
	¿Cómo, Luisico, te ha ido?

Luis	¿Qué ropas son estas? Di.	815

Juanico	Mi fendo me puso así, que me tiene mucho amor.	

Luis	¡Quítate, perro! ¡Desvía! ¡No me toques!	

Juanico	¿Por qué, hermano? ¿Piensas que no soy cristiano y adoro en Cristo y María?	820

Luis	Traidor, los más renegados estáis en ese loco temor. ¿Morir no fuera mejor? ¡Ay mis padres desdichados!, ¿qué harán cuando así te vean?	825

Juanico	Pues dime, ¿no se holgarán de verme andar tan galán?	

Luis	Desnudo verte desean, traidor, y puesto en un palo, como el sacerdote de hoy.	830

Juanico	Yo, Luisico, bueno soy, el vestido ha sido el malo.	

Luis	Si no viera tu inocencia y que hablas con ignorancia, firme estaba en mi presencia. Trocárase en ese fin de Abel la sangre fiel,	835

	que yo fuera el justo Abel	
	y diera muerte a Caín,	840
	que puesto que eres menor	
	y ser Abel te tocaba,	
	ya eras Caín.	

Juanico   No pensaba
            que esto fue tan grande error.
            Antes, hermano, quería,   845
            para que mi madre me viera,
            buscar en saliendo afuera.

Luis   No le des tan triste día,
            desnúdate ese vestido
            que te ha puesto Satanás.   850

Juanico   No pienso vestirle más.
            Perdón, hermano, te pido.

Luis   Desnuda, desnuda presto.

Juanico   Quítale, llévale allá,
            si en este vestido está   855
            la desdicha en que me ha puesto.

Luis   Quita apriesa.

Juanico   Ya no hay más.

Luis   ¿Y por fuerza te hizo moro?

Juanico   Estoy mejor sin el oro.

Luis   ¡Cuán mejor estás desnudo!   860

Adiós, mi querido hermano.
Advierte que eras cristiano.

(Váyase Luis con los vestidos, y entre Zulema.)

Zulema	¡Qué bien en estos se emplea
	castigos de tal rigor!
	¿Qué es esto, ay de mí?
	¿Qué niño es el que está aquí?

Zulema   ¡Qué bien en estos se emplea
            castigos de tal rigor!
            ¿Qué es esto, ay de mí?   865
            ¿Qué niño es el que está aquí?

Juanico   Tu Juanico soy, señor.

Zulema   ¿Mi esclavo?

Juanico   ¿Pues no me ve?

Zulema   ¿Quién te ha puesto desta suerte?

Juanico   Pues escapé de la muerte,   870
            no poca ventura fue.
            Un cristiano me ha robado
            y me ha querido matar.

Zulema   ¿Pues cómo tuvo lugar?

Juanico   Un lienzo me tuvo atado,   875
            para que no diese voces.

Zulema   ¿Conocerasle?

Juanico   Muy bien.

Zulema   Conmigo a los baños ven,
            veamos si le conoces.

	Perros, por Alá supremo,	880
	que ha de morir si es de moro	
	aunque valiese un tesoro,	
	y si del Rey, irá al remo.	
Juanico	¡Cristo, mi rey soberano,	
	yo os adoro y reconozco!	885
Zulema	¿Qué dices?	
Juanico	Que le conozco	
	como Luisico, mi hermano.	

Fin de la segunda jornada

Jornada tercera

Entre Pereda, Herrera y Dorantes, y unos morillos tras ellos.

Pereda	¿Queréis dejar, perros enemigos?
Dorantes	¿Queréis dejarnos, perros, vil canalla?
Herrera	Siempre os halláis en nuestro mal testigos.
Morillo	Rey Helipe morir, no rescatar, no fugir, acá morir, acá morir. 5
Pereda	Murió, perros, aquel que es bien que llama prudente el mundo, y Salomón cristiano, por quien España lágrimas derrama, pero vive su hijo, en cuya mano quedó la misma España vencedora 10 del rebelde flamenco y africano.
Morillo	Rey Helipe morir, no rescatar, no fugir, acá morir, acá morir.
Dorantes	Murió aquel Sol que ya los cielos dora, pero dejó por su lugarteniente 15 otro Felipe, a quien España adora. Presto, perros, veréis la tierna frente del laurel africano coronada sobre el cristal del húmido tridente.
Morillo	Rey Helipe morir, no rescatar, no fugir, 20 acá morir, acá morir.
Herrera	Viva quedó la morisma. Espada

97

	de Carlos Quinto, que a sus plantas tuvo	
	la rica Túnez, con gloriosa armada,	
	destas murallas a la vista estuvo,	25
	y si no las tomó fue porque el viento	
	de tantas glorias envidioso anduvo,	
	que a no forzarle todo un elemento,	
	contra quien no hay valor el fuerte hado	
	derribar por tierra el fundamento.	30
Pereda	Pues si os pensáis arrepentir a todo	
	y a los muchachos respondéis en seso,	
	les daréis ocasión.	
Herrera	Pereda, hermano,	
	que no puedo sufrillos os confieso.	

(Entre Sahavedra.)

Sahavedra	¿Qué corazón, qué sufrimiento humano	35
	podrá tener en tanto mal paciencia?	
	¿Qué pecho habrá con alma de cristiano?	
Dorantes	¿Qué es eso, Sahavedra?	
Sahavedra	La violencia	
	de aquesta fiera, cueva de ladrones.	
Pereda	Mas, ¿que han ejecutado la sentencia?	40
Sahavedra	Españoles, cristianos corazones	
	que gozáis libertad en vuestras tierras	
	libres de ver tan ásperas prisiones,	
	pues no os tocan las lágrimas, las guerras,	
	la hambre y sed que aquí el cautivo pasa	45

en estas de piedad desiertas sierras,
cuando llegare alguno a vuestra casa
a pediros limosna de cautivos,
cristianos, no la deis con mano escasa.

Pereda   ¿Qué han hecho estos alarbes vengativos   50
en nuestro Felis Sahavedra?

Sahavedra   Intento
deciros sus martirios excesivos,
y enlázame la lengua el sentimiento
que me baña cual veis en tierno llanto.

Herrera   Sosiega, di el suceso.

Sahavedra   Estame atento,   55
si piedad del alma puede tanto.
Viendo los moros de Argel
que en España el Santo Oficio,
de los Católicos Reyes
intento heroico y divino,   60
había puesto en un palo
al valenciano morisco
porque renegó la fe
que recibió en el Bautismo,
movidos de sentimiento,   65
y de venganza movidos,
buscaron un español
que fuese de aquel distrito,
y hallaron al santo Felis,
que a su propósito vino,   70
caballero valenciano,
Castelví por apellido,
del hábito de Montesa

99

padre, hermano, amparo, abrigo
de los cautivos de Argel,   75
todos los sabéis, cautivos.
Este que habiéndole dado
sus deudos y sus amigos
cuatro veces el rescate,
nunca rescatar se quiso,   80
y sino de aquel dinero
iba rescatando niños,
y son los que de perderse
tienen, como Luis, peligro;
este que nos confesaba,   85
y donde siempre tuvimos
reprehensiones y consejos,
católicos exorcismos;
este que se desnudaba
para darnos su vestido;   90
este que era fiel retrato
de un Leonardo, de un Paulino,
lleváronle al fin al Rey,
y azotado, porque a Cristo
en todo imitase Felis,   95
que en todo imitar le quiso,
atan como otro Pilato.
A Felis dio por Francisco,
por el morisco, al cristiano,
por el lobo, al corderillo,   100
por el ladrón, al fiel,
por el comprado, el vendido,
por el infame, el honrado
y por el traidor, el limpio.
Hicieron un palo agudo,   105
¡ah triste!, labrando un pino,
porque sirviese de leño

al nuevo sacerdote ofrecido,
y en viéndole dijo: «Moros,
por último veros pido,   110
que me lo dejéis llevar
al altar del sacrificio».
De buena gana le dieron,
que una burra habían traído
a quien quitaron el palo   115
por hacer lo que les dijo.
Besolo, y con mil abrazos
y amores enternecido,
le puso al hombro y tomó
de aquesta puerta el camino,   120
donde habiéndole fijado
entre dos ásperos riscos,
no le clavaron en él,
como su costumbre ha sido,
sino atándole, no más,   125
tomó un alarbe atrevido
el chaleco donde estaba
la roja cruz... No prosigo
de dolor, que ya no puedo.

Pereda   ¡Ni quien te escucha sufrillo!   130

Sahavedra   Miró, en efeto, la cruz,
y queriendo el enemigo
hacer la misma en el pecho
que adoraba en el vestido,
otra le hizo (¡ay de mí!,   135
piedra soy, pues esto os digo)
con un cuchillo afilado,
que fue pincel el cuchillo.
La sangre dio la color,

la tabla el pecho bendito,   140
y así en cruz quedó en él
de esmalte rojo encendido.
Si le queréis ver, miralde,
al sacerdote divino,
ofreciendo a Cristo el alma   145
que es hostia del sacrificio.

(Descúbrase una pintura de lienzo y un risco, se vea el palo en que esté puesto Felis, descubierto el pecho, y en él hecha la cruz de Montesa con sangre,
y diga elevado:)

Felis   A vós, ¡oh sacerdote soberano!,
                 que al Padre en aquel altar de aquel madero
                 os ofreciste, cándido cordero,
                 por el remedio del linaje humano,   150
                 yo, indigno sacerdote valenciano,
                 de la cruz de Montesa caballero,
                 mi sangre ofrezco, y confesando muero
                 el santo nombre militar cristiano.
                 Quisiera yo imitar esas guirnaldas   155
                 de espinas y esa cruz, mas no me han hecho
                 dignas de tales palmas y esmeraldas,
                 pero voy de una cosa satisfecho,
                 que si no la merezco en las espaldas,
                 ya muero en cruz, pues que la llevo al pecho. 160

Sahavedra   ¡Felis santo, allá te acuerda
                 destos cautivos!

Felis   ¡Oh amigos,
                 [los cielos] sean testigos
                 si lo haré luego que os pierda!
                 Vivid bien, ninguno yerre,   ⸱ 165

	ninguno niegue al buen Dios.	
Sahavedra	Teniendo tal padre en vós, que nuestras causas procura, ninguno hará tal.	
Felis	Pues, hijos, yo salgo de Argel también, que voy a Jerusalén con eternos regocijos. Uno de la Trinidad me rescató, ya me voy; con Fe y Esperanza estoy de ver mi patria.	170 175
Sahavedra	Llorad, llorad, cautivos, el día de vuestro mayor dolor.	
Felis	En vuestras manos, señor, encomiendo el alma mía.	180
Pereda	Ya espiró, cubrid al punto este espectáculo triste.	
Herrera	¡Dichoso tú que naciste como otro fénix difunto! ¡Que en vida a todos nos des, y qué gloria a tu Valencia!	185
Dorantes	Lloremos tu eterna ausencia, pero cantémosla más, y quedad con Dios, hermanos, no me echen menos.	

(Váyase Dorantes.)

Sahavedra   Adiós.   190

(Váyanse Pereda y Herrera.)

Pereda   Vámonos también los dos,
                  que nuestros dueños tiranos
                  nos habrán buscado, Herrera.

Herrera   Adiós, Sahavedra amigo,
                  que envidia llevo conmigo   195
                  del mártir que el cielo espera.

(Sahavedra solo diga:)

[Sahavedra]   Si llegase, Felipe, a tus oídos
                  de veras nuestro llanto lastimoso,
                  y si tu augusto corazón piadoso
                  moviese el ay de tantos afligidos,   200
                  si de tu Sol los rayos encendidos
                  tocasen este limbo temeroso
                  y el ceptro de tu brazo poderoso
                  fulminase estos bárbaros vencidos,
                  si a un risco a las cadenas prometeas   205
                  estos ladrones del mar atases,
                  sus viles naos fuesen las de Eneas;
                  si a sus lunas tus cruces enseñases,
                  ¿quién duda, pues de Europa te laureas,
                  que africano, Felipe, te llamases?   210

(Basurto entre, y Brahín, hebreo, con un palo.)

Basurto	No pongas en mí la mano, Brahín, detenla, y detente, que no es bien que tal vil gente la ponga en ningún cristiano. ¡Por el Dios que tu agüelo 215 puso en la cruz!
Brahín	¡Vil cautivo!, hoy de quien soy te apercibo para que entiendas mi celo. No soy de capote humilde, caballero hebreo soy. 220
Sahavedra	¿Qué es eso, Brahín?
Brahín	Estoy...
Sahavedra	¿Qué estáis? No le deis, reñilde, que basta que le riñáis, pues no es vuestro, y aunque fuera vuestro, ninguno os sufriera 225 la vida que vós le dais.
Brahín	¿Juntáis os a darme muerte, perros?
Sahavedra	Yo no os hago mal, pero no es castigo igual a un hombre de vuestra suerte. 230
Brahín	¿Sabéis lo que ha hecho?
Sahavedra	No, pero sé que está empeñado

en cien escudos.

Basurto   No he dado
                 causa.

Brahín   Mil causas me dio;
                 cuanto a lo primero, en casa   235
                 no hay quien pueda ya comer.

Basurto   ¿Qué puede un esclavo hacer?
                 ¿Que tal hombre en ello pasa?

Brahín   Echa tocino en la olla
                 por comérsela después,   240
                 no he gozado en todo un mes
                 pichón, palomino o polla.
                 Huevo, no hay tratar si fuera
                 para nuestras medicinas,
                 que pienso que mis gallinas   245
                 ponen en su faltriquera.
                 Ayer tenía un conejo,
                 que es por lo que me he enojado,
                 y el perro un gato ha buscado
                 casi del mismo pellejo,   250
                 y este me ha dado a comer,
                 y el conejo se ha comido.

Sahavedra   ¿Halo hecho?

Basurto   Halo fingido.

Sahavedra   ¿Créolo? No puede ser.
                 ¿Para que le levantáis   255
                 testimonios?

106

Brahín	¡Bien, por Dios!	
	¡Bueno me pondréis los dos	
	si a darme pena os juntáis!	
	Di, perro, ¿quién derritió	
	aquellos panes de cera	260
	por debajo, de manera	
	que entre el pan se quedó	
	hasta que lo eché de ver?	

| Basurto | ¿Yo cera? | |

| Brahín | ¿Pues quién ha sido? | |

Basurto	Ni aun la tengo en el oído,	265
	que Ulises quisiera ser	
	para sirena tan fiera.	

| Brahín | Perro, de lo que has hurtado, | |
| | ¿cómo no te has rescatado? | |

Sahavedra	No le habléis de esa manera,	270
	que es Basurto hombre de bien,	
	y os ha de matar un día.	

Brahín	Esa amenaza es muy fría	
	y ese remedio también.	
	No, aunque soy español	275
	como ellos, y que mi hacienda	
	pondría a sus intentos rienda,	
	antes que hoy se ponga el Sol.	

| Sahavedra | ¿Qué harás? | |

Brahín	Luego lo verás.	
Basurto	Ansí pues, espera.	
Brahín	Di.	280
Basurto	Hoy seré moro.	
Brahín	¿Tú?	
Basurto	Sí.	
Brahín	¿Tus deudos qué dirán?	
Basurto	Digan, lloren, desatinen,	
	moro he de ser solo de efeto	
	de ponerte en tanto aprieto	285
	que tus casas se arruinen,	
	que tu dinero se gaste,	
	que tu crédito se pierda.	
Brahín	De tus cosas se me acuerda,	
	y que siempre me engañaste.	290
	¿Miedo me querías poner?	
	Ve, perro, que no lo harás.	
Basurto	No, Brahín, hoy lo verás.	
Brahín	Pues, ¡sus!, hoy lo quiero ver.	
(Váyase Brahín.)		
Basurto	¡Vive a Dios que te he de dar	295
	dos mil palos cada día!	

Sahavedra	¿Hablas de veras?
Basurto	Desvía, que hoy tengo de renegar.
Sahavedra	¡Jesús, Basurto!, ¿qué dices?
Basurto	Pues, hermano, ¿qué he de hacer 300 viéndome en este poder? No hay de qué te escandalizar; librareme de vivir con tanta necesidad.
Sahavedra	¡Qué buen ejemplo en verdad 305 del que acaba de morir! ¿Eso Felis te imprimió? ¿Eso su sangre este día en tu alma a piedra fría, Basurto amigo, escribió? 310 ¿No le viste en aquel palo morir confesando a Cristo?
Basurto	Sahavedra, ya le he visto, a un mártir santo le igualo, yo nunca tan bueno fui 315 que eso merezca del cielo. Dios conocerá mi celo y se dolerá de mí, porque yo en el corazón tendré su nombre y su fe. 320
Sahavedra	¡Oh, cuánto ese engaño fue causa de gran perdición,

o cuántos hoy en Argel
que habiendo a Dios renegado,
porque en el alma han guardado   325
alguna memoria dél,
porque se creen y adoran
dentro de su corazón,
porque esperan ocasión,
porque en secreto la hallaron,   330
piensan que se han de salvar
y que se irán algún día
a España!

Basurto   ¿Y ser no podría?

Sahavedra   ¡Oh, cómo sabe enlazar
                 aquí el demonio las almas,   335
                 triste de ti y de los tales,
                 que de esperanzas iguales
                 sombra hay aquí, ingratas palmas!

Basurto   ¿Es mejor desconfiar?

Sahavedra   No, Basurto, pero di,   340
                 los que renegáis aquí,
                 ¿cómo os pretendéis salvar?
                 Luego os casáis, luego amáis
                 la mujer, luego la hacienda,
                 que más que el alma estimáis,   345
                 luego decís: «Si me voy
                 a España, seré afrentado,
                 llamaranme el renegado,
                 afrenta a mis deudos soy,
                 nadie querrá andar conmigo.   350
                 Pues mis hijos, ¿qué se han de hacer

sin mí y mi amada mujer,
la hacienda, el gusto, el amigo,
la libertad, el mandar?».
Que allá todo es sujeción,   355
y entre aquesta dilación
suele la muerte llegar,
y llévanse los demonios
el alma que a Dios negó,
porque ese apóstol nos dio   360
evidentes testimonios,
porque era muerte la fe
donde no hay obras, Basurto.

Basurto   ¿Qué he de hacer si cuanto hurto
                     deste que de aquí se fue,   365
                     y cuanto con mil engaños
                     como a cristianos, no llega
                     a mi rescate?

Sahavedra   ¿Eso ciega
                     tus ojos a tantos daños?
                     Ya vendrá la Redención,   370
                     y cien ducados yo haré
                     que el mismo día los dé.

Basurto   Tenga hora cual confusión.

Sahavedra   ¿Qué confusión?

Basurto   Di a entender.
                     a unos cautivos que había   375
                     un barco, y nos llevaría
                     a España.

Sahavedra	¿Sabeislo hacer?
Basurto	No era con esa intención.
Sahavedra	¿Pues?
Basurto	El coger el dinero, y hoy, Sahavedra, los espero.

380

Sahavedra	¿Esa es poca confusión?
Basurto	¿Pues cómo no, si me han dado para clavos, lienzo y estopa, brea y madera, sus ropas, y el dinero que han ganado?

385

Sahavedra	¿Pues no lo tienes hoy?
Basurto	Algo dello.
Sahavedra	Pues yo haré que lo demás se te dé.
Basurto	¡Ah triste!, a Dios ofendo.
Sahavedra	Hinca la rodilla en tierra y pide perdón al cielo.

390

Basurto	Perdón, señor.
Sahavedra	Besa el suelo.
Basurto	¡Tierra, en tu centro me encierra! Pero di, ¿cómo podré

| | vengarme deste judío? | 395 |

| Sahavedra | Álzate. |

| Basurto | ¡Ay, amparo mío!, esos pies te besaré. |

| Sahavedra | Tú tienes, Basurto hermano,
gran ingenio en invenciones,
a la que una vez te pones   400
no se te va de la mano.
¿Tú no le dijiste aquí
que querías renegar? |

| Basurto | Sí. |

| Sahavedra | Pues yo te quiero dar
vestido, escucha. |

| Basurto | Di.   405 |

| Sahavedra | Irás de moro vestido,
y lo que en Efes le dieras
muchos palos le darás.
Aquí estarás escondido
hasta que la Redención,   410
que ya se suena que viene,
te rescate. |

| Basurto | Gente viene. |

| Sahavedra | Pues no más conversación.
Quédate, Basurto, aquí,
que ha rato que falto allá.   415 |

Basurto	Dios supremo te dará, cielo, que has hecho por mí.

(Sahavedra se vaya y entren Solimán y Fátima, mora.)

Fátima	Esto dirás a los cautivos luego contra el veneno que les ha quitado el sentido que dice que han perdido.	420
Solimán	¿Y volverán con eso al que tenían, Fátima sabia?	
Fátima	Cuando no le cobren, avísame, y sabré de qué procede.	
Solimán	Alá te guarde. ¡Y si yo tuviera el que también perdí cuando di crédito a las locuras de Aja, y gozara mi bella esclava!?	425

(Váyase Solimán.)

Basurto	Aquesta es una mora que en todo Argel tiene notable fama. Guárdete el cielo, Fátima.	
Fátima	Basurto, ¿cómo te va con el hebreo dueño? ¿Tan mal estabas con Dalí?	430
Basurto	No estaba, que es caballero en fin, en fin es noble, hice aquella invención por su consejo,	

	y estoy desesperado de serville.	
	Di, por tu vida, ¿qué remedio es este	435
	que dabas a este moro?	

Fátima   Dos esclavos,
que tiene Solimán, Leonardo el uno,
ya le conozco natural de España,
y una esclava que adora, están sin seso
de una bebida que a los dos han dado   440
para obligallos a su amor, que Aja
adora el español, y este a Marcela.

Basurto   Conozco los esclavos, y en el alma
me pesa del suceso, pero dime,
así los cielos tu ventura logren   445
y tengas mayor fama por tu ciencia
que la que tuvo allá aquella que tuvo,
alterando el mar la fuerte armada
del valeroso césar Carlos Quinto,
¿cómo podré salir destas prisiones,   450
y volver a mi patria?

Fátima   Si tú fueses
tan noble que en llegando a España dieses...

Basurto   ¿Qué tengo, que no te diese?

Fátima   ... a un hombre
que allá te diré yo, los cien escudos
en que estás empeñado en este hebreo,   455
para que él de prisión se rescatase,
yo te pondría en verdad.

Basurto   Señora,

fálteme el cielo si en llegando a España
no diera...

Fátima   Cuando, y si a España llegas,
                  no solo me darás los cien escudos,   460
                  mas ni te acordarás de que he nacido.

Basurto   ¿Quién es aquel esclavo, y adónde vive?

Fátima   Vive en la corte, y es Selín, mi hermano,
                  que cautivó don Pedro de Toledo
                  y envió desde Nápoles a España   465
                  el Virrey a sus hijos los marqueses.
                  Desearía a quien segurarle allá me escribe
                  de llevar una silla sirve.

Basurto   El cielo,
                  Fátima, me castigue por ingrato,
                  si allá no procurare su rescate   470
                  como quieran venderle esos señores.

Fátima   Él, con este dinero y el que tiene,
                  probará su ventura.

Basurto   ¿De qué modo
                  podré librarme yo?

Fátima   Muy fácilmente.

Basurto   ¿Cómo?

Fátima   Yo quiero darte una manzana,   475
                  que solo en llevarla puedes irte
                  por la puerta de Argel, por el camino,

que no toparás hombre que te vea.

Basurto   ¡Válame Dios!

Fátima   Será lo que te digo.
               Ven a la noche a mi casa.

Basurto   Iré sin falta.   480
               ¡Notable ciencia, cielos! Si yo me libro
               con lo que Adán perdió tanta ventura,
               yo pongo por mis armas un manzano
               y una letra que diga: «Adán Basurto».
               ¿Mas quién ha de creer que iré invisible?   485
               Sin duda me verán cuantos me quieran.
               ¡Oh, qué palos palpables que me esperan!

(Salen Leonardo y Aja.)

Leonardo   ¿Quiéresme dejar, arpía?

Aja   ¡Mi bien!, ¿con tanta crueldad?

Leonardo   ¿Sabéis qué es la necesidad?   490

Aja   ¿Qué, amores?

Leonardo   Una porfía.

Aja   ¿Sabes tú qué es la locura?

Leonardo   ¿Qué puede ser?

Aja   Una tema.

Leonardo	Cierra esa boca con nema.	
Aja	Si hubiese sello, sí haría.	495
Leonardo	¿Pues cuál sello?	
Aja	El de tus labios.	
Leonardo	Con armas cristianas quiero sellar tu boca.	
Aja	No alteres la casa.	
Leonardo	¿Hay tales agravios?	
Aja	No son agravios, mi bien y dulce esclavo mío, que en mis deseos confío que he de vencer tu desdén.	500

(Entre Marcela.)

Marcela	¿Qué es esto que ven mis ojos? ¡Solos están, ay de mí!	505
Leonardo	¿Cómo hablaré desde aquí a aquellos dulces enojos? Ya veo a Marcela; quiero fingir que le digo amores a esta mora.	
Marcela	¿Qué mayores indicios? ¡De celos muero!	510

                                ¡Ha, traidor!

Leonardo   (Haga que habla con la mora.)
                 Señora mía,
                 si está aquí, mi amor calla.
                 Porque nos miraba fue,
                 todo fue porque nos vía.   515
                 Ya que mis ojos os ven,
                 cesarán estos enojos.

Marcela   ¿Qué esto le diga a mis ojos?

Aja   Cristiano, ¿quiéresme bien?

Leonardo   Como la imagen que está   520
                 detrás de alguna cortina
                 a religión nos inclina
                 y luz como el Sol nos da,
                 así te adoro también,
                 y verte, señora, espero,   525
                 cuando ya el tiempo ligero
                 corre la cortina bien.

Aja   Sin duda el agua le ha hecho
                 provecho, y Fátima sabia.

Marcela   ¿Que desta suerte me agravia?   530
                 Mi amor obliga a un despecho,
                 haré locuras de veras,
                 diré «lo fui de burlas»,
                 pues que con mi honor te burlas.

Aja   ¿Que merezco que me quieras?   535

Leonardo	¿Qué? ¿Cómo? ¿Quién
	es nube del Sol que adoro,
	es arca de mi tesoro
	y tesoro de mi bien?
	En ese vidrio por quien veo	540
	un ángel que me ha guiado,
	en camino tan errado
	a la patria que deseo,
	eres un diamante fino,
	que en el fondo está el valor,	545
	y eres alba y resplandor
	del Sol que a alumbrar me vino.
	Llega, abrázame.
Aja	¿Que yo
	te abrace?

(Abraza Aja alargando los brazos para asir a Marcela.)

Leonardo	Sí, que mis brazos
	eran, que sobran abrazos	550
	para quien llega.
Marcela	Eso no,
	ya no invenciones conmigo.
Leonardo	Llega pues.
Aja	Ya no lo estoy.
Leonardo	Llega, que tu esclavo soy.
Aja	Dueño, dirás.

Leonardo	Llega, digo.	555
Marcela	¡Que no hay tratar de engañarme!	

(Solimán entre.)

Solimán	¿Qué es esto?
Aja	Tengo deste loco, que no fue tenerle poco.
Solimán	¿Cómo?
Aja	Ha querido matarme.
Solimán	¿Matarte?

Marcela	No se lo creas, los dos te engañan.	560
Solimán	¿A mí?	
Leonardo	¿Qué dices, Marcela?	
Marcela	Aquí quiero que mis celos veas. Nuestra locura es fingida, los dos las habemos trazado.	565
Leonardo	¡Marcela!	
Marcela	Tarde has llegado.	
Leonardo	¡Mi vida!	

Marcela	Que ya no hay vida,
	ni quiero vida, ni honor,
	ni patria, ni libertad.
Solimán	Marcela, ¿eso es verdad? 570
Marcela	Esto es la verdad, señor.
Aja	Más loca debe de estar.
	Notable es que se fíe en sí.
Solimán	Con el cristiano te vi,
	esto no puedes negar. 575
Aja	No fie en su atrevimiento,
	porque matarme quería.
Leonardo	¿Qué has hecho, Marcela mía?
	¿Dónde está tu entendimiento?
	Remedia, mi bien, el daño 580
	que a los dos ha de venir.
Solimán	¿Que estos pudiesen fingir
	tan de veras este engaño,
	y que Aja me ha tenido
	este respeto?
Aja	Si das 585
	crédito a locos, podrás
	dar a una piedra sentido.
Solimán	Luego, loca está Marcela.

Aja	Pues no.
Solimán	Dime, esclava hermosa,
	¿has dicho acaso de loca 590
	esta verdad, o es cautela?
	¿Estás loca? Habla conmigo,
	si otra causa te provoca.
Marcela	Pues si no estuviera loca,
	¿dijera yo lo que digo? 595
	Loca estoy, loco es amor,
	creció mi locura aquí,
	porque vi, pero no vi,
	que es ciego, Circe, el temor.
	Dejadme estar en mi estado, 600
	que hoy el Rey me viene a ver.
Aja	¿Es esto para creer?
Leonardo	¡Qué bravo susto me has dado!
Marcela	¿Y tú qué me has puesto a mí?
Leonardo	Yo contigo hablando estaba 605
	cuando con la mora hablaba.
Marcela	Creerelo, mi vida.
Leonardo	Sí.
Solimán	No quiero esta confusión.
	¡Vive a Dios que he de vendellos!
Aja	¿Y qué te han de dar por ellos? 610

Solimán	Hoy viene la Redención por una pieza de grana; por una holanda, un escudo los he de dar.
Aja	¡Poco pudo durar mi esperanza vana! 615

(Entre Dalí.)

Dalí	El Rey me envía a llamarte.
Solimán	¿Qué me quiere el Rey?
Dalí	No sé.
Solimán	Aja, a tu cuadra te ve.
Aja	Dalí.
Dalí	¿Llamas?
Aja	Oye aparte; Solimán quiere vender 620 estos esclavos.
Dalí	¿La esclava?
Aja	¡Es loca, y furiosa, y brava! Una merced me has de hacer de comprallos para mí, que los dará en bajo precio. 625

Dalí	¿La esclava vendes tú, necio?
Aja	Véndela porque está así. Allá los has de guardar.
Dalí	Yo te serviré.
Solimán	¿No vamos?
Dalí	Voy.
Solimán	¿Qué quiere?
Dalí	Que salgamos 630 hoy a holgarnos por el mar.
Solimán	Oye aparte.
Dalí	Di.
Solimán	Yo quiero vender estos esclavos, no por furiosos ni bravos, ni por falta de dinero, 635 sino por echar de casa a Leonardo, y con cautela podré gozar a Marcela, y a la tuya los pasa, y di que los has comprado. 640
Dalí	Yo lo haré, pero por Dios, que he de burlar a los dos, que la esclava me ha picado.

Solimán	Entraos vosotros de aquí.	
Leonardo	Ya nos venden.	
Marcela	Si es a un dueño,	645
	era peligro pequeño,	
	porque no hay vida sin ti.	
Aja	Ya sin esta esclava estoy.	
Solimán	La esclava pienso gozar.	
Dalí	A los dos pienso engañar.	650
Leonardo	¿Cúya serás?	
Marcela	Tuya soy.	

(Sale Basurto, vestido de moro gracioso, dando de palos a Brahín.)

Brahín	¿Por qué me matas, perro renegado?	
Basurto	¿Acuérdaste, Brahín, de la cruel vida	
	que en esta casa sin razón me has dado,	
	mala cena, peor cama, ruin comida?	655
	Pues hoy por castigarte me he tornado	
	moro. Miento, ¡por Dios!, porque es fingido	
	el almalafa, cocas y bonete.	
Brahín	¡Basta, por Dios, no más! Déjame y vete.	
Basurto	¿Que te deje? ¡Oh, qué lindo! Dame luego	660
	cien ducados. ¡Juro por Mahoma,	
	que pues le juro, bien creerás que llego	

	a la furia que viéndote me toma,	
	que si no me los das, te ponga en fuego,	
	y como a puerco de tus carnes coma!	665

Brahín   ¿Cien ducados?

Basurto   ¿Es poco cien ducados?

Brahín   ¡Qué licencia de infames renegados!
             Que afrentaste, Basurto, a tu linaje.

Basurto   Y tú has honrado el tuyo, ¡vive el cielo!,
             que he de escribir, y para mayor ultraje,   670
             tu infamia hebrea honro, patria y suelo,
             y que todas las tardes que el Sol baje
             desta montaña al mar bañado,
             yo te he de venir a dar sesenta palos.

Brahín   ¡Renegados al fin! ¡Cristianos malos!   675
             ¿Qué nombre te has llamado?

Basurto   Si él importa,
             yo Muley Arambel me llamo.

Brahín   Espera.
             Toma esta bolsa y tu crueldad reporta.

Basurto   ¿Qué lleva?

Brahín   Cien cequíes.

Basurto   Mil quisiera.

Brahín   ¡Dios me libre de ti!

| Basurto | La lengua acorta, | 680 |
| | ya me voy; lo que has hecho considera. | |

| Brahín | Quejarme tengo al Rey sobre tu robo, | |
| | mas es pedir el corderillo al lobo. | |

(Váyase.)

Basurto	¡Por el rancio pernil del gran Profeta!	
	Si no te vas, la mosca le he cogido,	685
	conque me voy, y el hábito y la seta	
	fingida dejo aquí, con el vestido.	

(Desnúdese, y quede con el hábito.)

Esto de la manzana me inquieta;
sacar la quiero y ver si burla ha sido.
¡Oh manzana, si fuésedes la estrella   690
que me guiase hasta mi España bella!

(Sale Amir dando de palos a Bernardo, viejo cautivo.)

| Amir | ¡Camina, perro! | |

| Bernardo | Señor, | |
| | duélete de mi vejez. | |

| Amir | Acabarás desta vez | |
| | y cesará mi rigor. | 695 |

| Bernardo | Si fuera en mi mocedad, | |
| | con más fuerzas te sirviera. | |

Basurto	Para probar si es verdad,
	que parece desatino,
	que con llevar en la mano 700
	esta manzana esté llano
	para España el camino,
	mas, ¿qué la pierde en pasar?
	¡Vive a Dios que no me ve!
Amir	¿Quién va?
Basurto	¡Ay, triste engaño fue! 705
Amir	¿Dónde vas?
Basurto	Voyme a embarcar.
Amir	¿A qué parte vas?
Basurto	A España.
Amir	Vete en buena hora.
Basurto	¿Hay tal cosa?
	¡Oh manzana bella, hermosa,
	que ya dicha me acompaña! 710
	Si todos dicen así,
	por tierra a España me voy.

(Salen Dalí y Lucinda, su mujer.)

Dalí	El cargo della te doy.
Lucinda	Para servirte nací.

Dalí	Hela comprado a desprecio	715
	porque dicen que está loca.	
	Su hermosura me provoca,	
	por su donaire la precio.	
	Tú has de saber qué pasión	
	la obliga a tal desvarío.	720

Dalí

Hela comprado a desprecio   715
porque dicen que está loca.
Su hermosura me provoca,
por su donaire la precio.
Tú has de saber qué pasión
la obliga a tal desvarío.   720

Lucinda

Yo la hablaré, señor mío,
y le diré tu afición.

Basurto

Pasar quiero por Dalí
para confirmar si puedo
salir de Argel. Tengo miedo.   725

Dalí

Paso, ¿quién va?

Basurto

Yo.

Dalí

¿Tú?

Basurto

Sí.

Dalí

¿Dónde vas?

Basurto

A España voy.

Dalí

¿A España?

Basurto

Sí.

Dalí

Alá te guarde.

Basurto

Cielos, ¿de qué estoy cobarde
cuando tan seguro estoy?   730

130

Yo parto a España por tierra
con mi manzana en la mano.
¡Bendiga el cielo el manzano
que tan linda fruta encierra!?

(Váyase.)

Dalí   ¿Lucinda?

Lucinda   ¿Fende?

Dalí   Ya voy   735
                  por la bellísima esclava.

Lucinda   Yo te aguardo.

Amir   Parte, acaba,
                  contento de aquesta voz.

Bernardo   Flaco y desmayado estoy,
                  y de mil palos molido.   740
                  Déjame tomar aliento.

Lucinda   ¡Ay cielo, la voz que siento
                  de Bernardo, mi marido!
                  ¿No bastaba, ay de mí,
                  ver mis dos hijos cautivos,   745
                  que apenas sé si están vivos,
                  según los tratan aquí
                  para que se vuelvan moros,
                  sino ver su padre triste,
                  preso y herido?

Amir   ¿Tú fuiste   750

por quien perdí mil tesoros,
negándome que eran nobles
los cautivos que vendí?
Pues a desprecio los di.

Bernardo   ¿No ves que eran tratos dobles   755
                  y en España infames son
                  los que a los amigos venden,
                  los que van con los que prenden
                  dando causa a la prisión,
                  tanto, que no es el verdugo   760
                  más vil que el que da noticia
                  de un delito a la justicia?

(Luis entre, el hijo destos dos.)

Luis   ¡Ojos que nunca os enjugo,
                  no os llaméis ojos ya más,
                  llamaos fuentes, pues corréis   765
                  del alma sin que ceséis42
                  de vuestro llanto jamás!
                  ¿Si está aquí mi triste madre?

Lucinda   ¡Luis mío!

Luis   Madre querida,
                  ¿qué es esto?

Lucinda   La triste vida   770
                  que dan a tu amado padre.

Luis   Esto más faltaba aquí.

Lucinda   Pues, ¿hay otro más?

Luis	Tan grave
	que cuando el dolor me acabe
	no hará milagros en mí.
	Juanico estaba en poder
	de Zulema, harto cercano
	de dejar de ser cristiano.
	Vínolo el Rey a saber,
	y estimando su hermosura,
	con grandes galas, señora,
	le llevaba a su baño agora.

775

780

Lucinda	¡Triste mujer, suerte dura!
	Allí un marido azotado,
	allá un hijo vuelto moro,
	otro que en prisiones llora
	y yo en miserable estado,
	¿qué he de hacer?

785

Luis	¿Qué es esto, Amir?
	¿Cómo no mudas consejo
	de tratar tan mal a un viejo
	que ya no puede servir?
	¡Pluguiera a Dios yo pudiera
	servir en su lugar!

790

Amir	¡Ah perro,
	sin ser flojo persevera
	que le castigue y maltrate!

795

Luis	Esa flojedad no es vicio,
	sino edad.

Amir	Dé tanto indicio

	de que quiero su rescate,	
	y mientras no me le dé	
	le he de hacer estos regalos,	800
	y aquí le daré cien palos	
	no más de por quien lo ve.	

Luis	Deja el palo, Amir, detente.	
	Dámelos a mí por él.	

Amir	Después de dar ciento a él,	805
	te daré a ti ciento y veinte.	

Luis	No, sino todos a mí.	

Amir	Esas lágrimas son vanas.

Luis	Respeta, Amir, esas canas.

Amir	Arrancarelas por ti.	810

Luis	¡Suelte, Amir, que vive Dios...!

Lucinda	Hijo, ¿qué haces?

Luis	No quiero
	vida.

Amir	¡Ah, mi perro!, ¿qué espero
	que no os doy muerte a los dos?

Luis	Esa te daré yo aquí.	815

(Dale con un cuchillo.)

Bernardo	¡Hijo, no estés pertinaz!
Amir	Cielo, ¿a manos de un rapaz vengo a morir así?

(Éntrese cayendo.)

Bernardo	¿Qué has hecho?	
Luis	Padres, adiós.	
Bernardo	¿Adónde vas?	
Luis	A esa sierra.	820
Lucinda	Hijo, ¿sabes tú la tierra?	
Luis	Madre, y se van otros dos, que saben bien el camino, hasta tierra de Orán. Huir, porque os matarán si os hallan.	825
Bernardo	¡Qué desatino!	
Luis	No es, que pensado había huirme para enviar con que os poder rescatar a vós padre y madre mía. Aunque de limosna sea, seré a todos importuno.	830
Bernardo	Huyamos, no venga alguno que con el cuerpo nos vea.	

(Acompañamiento de moros, y detrás Ajan, rey de Argel, y Juanico, vestido de turco a su lado, siéntase en estrado con autoridad.)

Rey	Decid que entre a quejarse el que quisiere,	835
	que para hacer justicia y gobernaros	
	me envía el gran señor.	

Solimán	Habla, Zulema;	
	si el gran señor a gobernar te envía	
	y si el hacer justicia es el oficio	
	de los reyes autores de las leyes,	840
	¿qué justicia nos guardas? ¿Qué gobiernas	
	si las haciendas sin razón nos quitas?	

| Rey | ¿Qué hacienda te he quitado? | |

| Zulema | Este esclavo. | |

Rey	Este no te lo quito, que lo quiero	
	para enviar al gran señor, Zulema,	845
	de quien tengo una carta en que me manda	
	que le compre muchachos españoles.	
	¿Cuánto quieres por él?	

| Zulema | Diez mil ducados. | |

| Rey | Ningún hombre puede pedir, vendiendo, | |
| | sino el justo valor. | |

| Zulema | Vendo a mi gusto, | 850 |
| | y mi gusto no tiene precio humano. | |

| Rey | Tu gusto al gran señor, ¿de qué le sirve? | |

136

	El muchacho no más es lo que compra.	
Zulema	Yo no vendo el garzón.	
Rey	Ya respondiste	
	que le vendías, y pediste precio,	855
	y pues que le pediste, lo que vale	
	se te ha de dar.	
Zulema	Él vale lo que digo.	
Rey	Perro, ¿de esa manera me respetas	
	representando al Gran señor del mundo?	
	¡Llevalde a un calabozo!	
Zulema	¡Eres tirano!	860
Rey	¡Llevalde, digo!	
Zulema	Yo sabré escribirle	
	que robas los esclavos en su nombre.	
Rey	¡Matalde!	
Solimán	¿Señor?	
Rey	¿Qué esclavos son estos dos que tienes?	
Solimán	No son míos, que a Dalí los vendí.	865
Rey	Dalí, ¿qué son dellos?	
Dalí	Están locos.	

Rey	¿De qué?

Dalí	De algún veneno que Solimán les dio para obligarlos a su gusto.

Rey	Pues, perro, ¿a los cautivos das veneno, y los fuerzas de ese modo? 870 ¡Delito has cometido!

Solimán	¿Qué delito, si en bien de nuestra ley lo hice?

Rey	Al punto me traed los esclavos.

Dalí	Voy por ellos.

(El Guardián del Caño, y Sahavedra y Pereda, Herrera y Dorantes.)

Guardián	Pasá, perros, adelante.

Herrera	¿Qué es esto?

Guardián	Un gracioso cuento. 875

Herrera	¿Cómo?

Guardián	En fiestas del aumento de las colas de Levante estos perros se han juntado, y en tu baño, en partes varias, han puesto mil luminarias 880 y mil romances cantado.

	Hallelos juntos, pensé	
	lo que esta junta sería,	
	por dos veces en un día,	
	y respondiéronme.	
Herrera	¿Qué?	885
Guardián	Que prueban una comedia	
	allá a la usanza de España,	
	pero temo que es maraña	
	y que su peligro remedia,	
	porque deben de trazar	890
	alguna barca en que se huir.	
Rey	¿Cómo eso sabrán fingir?	
	¿Quién mejor sabe engañar?	
	Español, ¿quién más fingir?	
	Español, ¿quién se levanta?	895
	Español, ¿quién no se espanta?	
	Español, ¿quién se ve huir?	
	Español, ¿quién rico esclavo?	
	Español, ¿quién nos da muerte?	
	Español, ¿quién es más fuerte?	900
	Español, que siempre es bravo,	
	decid, ¿qué ha tenido España	
	que tanto os regocijáis?	
Sahavedra	A Denia enfrente miráis,	
	que este mismo mar la baña,	905
	donde desde Argel se ven	
	en sus castillos los fuegos	
	entre los nublados ciegos	
	de la noche.	

Rey	¿Pues por quién?

Sahavedra	Porque Felipo Tercero,	910
	que Dios muchos años guarde,	
	ha estado en Denia estos días,	
	que fue a Valencia a casarse.	
	Hale hecho allí el Marqués	
	fiestas, rey de Argel, tan grandes,	915
	que se han visto desde aquí,	
	y no es mucho que el mar pasen,	
	que los fuegos del castillo	
	del mar, donde en los cristales	
	los mostraba, como espejo	920
	que muestra la propria imagen;	
	vino un cautivo español	
	que nos dijo que una tarde	
	la Serenísima Infanta,	
	archiduca que fue en Flandes,	925
	entró en el mar para ver	
	una cueva (¡qué combate	
	a donde agua suele hacer	
	tu amigo Morate Arraes!),	
	y trújonos dos retratos	930
	de las personas reales,	
	a cuyas nuevas, señor,	
	y copias tan semejantes	
	habemos hecho estas fiestas	
	como vasallos leales,	935
	puesto que en Argel cautivos.	

Rey	Disculpa tienen bastante.
	Id por los retratos luego.

Pereda	Aquí Solimo los trae,

	que nos los tomó señor.	940

(El retrato del Rey con un tafetán.)

Rey	El rostro del Rey mostradme.
	¡Gallardo mancebo!

| Moro 1.º | ¡Hermoso! |

| Moro 2.º | ¡Fuerte! |

Rey	Conocí a su padre.
	Dios os le guarde, cautivos.

Herrera	Alá por eso te guarde.	945

(El de la señora Reina.)

| Rey | ¿Es este el de vuestra reina? |

| Pereda | Sí, señor. |

Rey	¡Parece un ángel!	
	Gran virtud muestra y valor;	
	mil años viva, tapalde.	
	Id en buena hora, cautivos,	950
	y sin que os estorbe nadie	
	haced fiestas ocho días.	

Sahavedra	Mahoma, señor, te ensalce,	
	Gran Turco vengas a ser	
	y nunca de tu linaje	955
	salga esta gran monarquía.	

(Salen Dalí, Leonardo y Marcela.)

Dalí	Los esclavos que llamaste están aquí.
Rey	Di, español, ¿eres hombre de rescate?

Leonardo   Noble soy, verdad te digo,   960
y rico de hacienda y sangre,
y esta mujer lo es también.

Rey   ¿Pues cómo lo confesaste?
Que todos soléis negar
vuestro nacimiento y patria   965
por rescataros por menos.
Pero debe de faltarte
el sentido, como dicen.

Leonardo   ¡No quiera Dios que me falte!
Nunca fui loco, señor,   970
que por poder rescatarme
esta locura fingí.
Y si no quise negarte
la nobleza que hasta agora
he negado en tantas partes,   975
fue porque siendo tú rey,
como a noble me obligaste
a decirte la verdad,
que el Rey nunca miente a nadie,
y por guardar el decoro   980
a tu Majestad, quise antes
quedarme esclavo en Argel.

Rey	Hidalgo, valor mostraste.
	¿En efeto no estás loco?
Leonardo	No, señor.
Rey	Pues si tú honraste 985
	con decir verdad al Rey,
	bien es que el Rey te lo pague.
	A los dos libertad doy
	fiando vuestro rescate,
	que enviaréis a Solimán. 990
Leonardo	Eres rey, como rey haces.
	Fin desta comedia.

Libros a la carta

A la carta es un servicio especializado para
empresas,
librerías,
bibliotecas,
editoriales
y centros de enseñanza;
y permite confeccionar libros que, por su formato y concepción, sirven a los propósitos más específicos de estas instituciones.

Las empresas nos encargan ediciones personalizadas para marketing editorial o para regalos institucionales. Y los interesados solicitan, a título personal, ediciones antiguas, o no disponibles en el mercado; y las acompañan con notas y comentarios críticos.

Las ediciones tienen como apoyo un libro de estilo con todo tipo de referencias sobre los criterios de tratamiento tipográfico aplicados a nuestros libros que puede ser consultado en Linkgua-ediciones.com.

Linkgua edita por encargo diferentes versiones de una misma obra con distintos tratamientos ortotipográficos (actualizaciones de carácter divulgativo de un clásico, o versiones estrictamente fieles a la edición original de referencia).

Este servicio de ediciones a la carta le permitirá, si usted se dedica a la enseñanza, tener una forma de hacer pública su interpretación de un texto y, sobre una versión digitalizada «base», usted podrá introducir interpretaciones del texto fuente. Es un tópico que los profesores denuncien en clase los desmanes de una edición, o vayan comentando errores de interpretación de un texto y esta es una solución útil a esa necesidad del mundo académico.

Asimismo publicamos de manera sistemática, en un mismo catálogo, tesis doctorales y actas de congresos académicos, que son distribuidas a través de nuestra Web.

El servicio de «libros a la carta» funciona de dos formas.

1. Tenemos un fondo de libros digitalizados que usted puede personalizar en tiradas de al menos cinco ejemplares. Estas personalizaciones pueden ser de todo tipo: añadir notas de clase para uso de un grupo de estudiantes, introducir logos corporativos para uso con fines de marketing empresarial, etc. etc.

2. Buscamos libros descatalogados de otras editoriales y los reeditamos en tiradas cortas a petición de un cliente.